Ethiek de basis

Morele competenties en normatieve professionaliteit

Wieger van Dalen

Derde druk

Noordhoff Uitgevers, Groningen/Houten

Ontwerp omslag: G2K (Groningen-Amsterdam)
Omslagillustratie: Stocksy, Catherine MacBride
Cartoons: Auke Herrema

Eventuele op- en aanmerkingen over deze of andere uitgaven kunt u richten aan:
Noordhoff Uitgevers bv, Afdeling Hoger Onderwijs, Antwoordnummer 13,
9700 VB Groningen, e-mail: info@noordhoff.nl

Aan de totstandkoming van deze uitgave is de uiterste zorg besteed. Voor informatie die desondanks onvolledig of onjuist is opgenomen, aanvaarden auteur(s), redactie en uitgever geen aansprakelijkheid. Voor eventuele verbeteringen van de opgenomen gegevens houden zij zich aanbevolen.

2 / 18

ISBN 978-90-01-86514-6
NUR 737

Woord vooraf

Dit boek (in de eerste druk *Basisboek ethiek* geheten) mag zich verheugen in een groeiende belangstelling in onderwijsland. Ondanks de morele ontwikkelingen in de samenleving en de nieuwe generaties studenten die dit oplevert, blijkt de aanpak van dit boek bij te dragen aan de ontwikkeling van de morele professionaliteit van studenten. Deze aanpak bestaat uit een grondige verdieping van de morele concepten die onze morele oordelen onderbouwen en is gericht op het verwerven van morele competenties. Het daadwerkelijk uitvoeren van moreel verantwoord gedrag is het centrale doel van waaruit dit boek is geschreven.

In dit boek komen de termen duurzaamheid en Maatschappelijk Verantwoord Ondernemen niet voor. Ten eerste omdat deze begrippen een moraliserend effect hebben op een gesprek. Daarmee wordt onder tafel geschoven wat ik juist op tafel wil hebben, namelijk de vraag: wat is verantwoord gedrag in deze situatie? Ten tweede omdat duurzaamheid en MVO veel morele keuzes op managementniveau opleveren, maar veel minder vragen op het niveau van de beginnende professional. En dit boek is juist geschreven voor deze laatste groep, de beginnende afgestudeerde.

In tegenstelling tot wat gangbaar is, gebruik ik in dit boek de formulering 'hij of zij' als ik over een mens in de derde persoon enkelvoud spreek. Het is mijn morele overtuiging dat een gelijke behandeling van de seksen, ook in een tekst, belangrijker is dan de veelgehoorde argumenten van teksteconomie en leesbaarheid.

Veel mensen hebben een bijdrage geleverd aan dit boek, soms zonder dat ze het zelf weten. Ten eerste zijn daar de gebruikers en proefboeklezers met hun vaak zeer waardevolle opmerkingen; mijn naaste collega's Pascal de Vries, Adriaan de Boo en Huib Zegwaart, met wie ik samen mag werken; en Harry Donker, wiens vertrouwen in een goede afloop van grote waarde is geweest. Dank daarvoor.

In de tweede druk zijn cases geactualiseerd en zijn reflectievragen en -opdrachten in de hoofdstukken toegevoegd. Hoofdstuk 1 is toegankelijker gemaakt door een betere ordening in de theorie aan te brengen en hoofdstuk 7 over integriteit is beter in het boek geïntegreerd.

Schoonebeek, voorjaar 2012
Wieger van Dalen

Woord vooraf bij de derde druk

De belangrijkste wijzigingen in deze derde druk betreffen paragraaf 3.1, 7.3 en 7.4. Deze zijn grotendeels herschreven om recht te doen aan de groeiende inzichten omtrent normatieve professionaliteit. De casussen zijn geactualiseerd en de website is voorzien van extra ondersteunend materiaal, waarmee de student zich optimaal kan voorbereiden op zijn colleges en het tentamen.

Schoonebeek, voorjaar 2016
Wieger van Dalen

Inhoud

Verontwaar-

diging is een

gevolg van,

geen reden

voor een

moreel

oordeel.

1

Moraal, een kwestie van oordelen

Je mening; wat is dat eigenlijk?
Waarom word je kwaad over gedrag van een ander?
Hoe weet je wat je vindt?
Waarom vind je wat je vindt?
Telt je mening altijd mee?
Ben je het altijd met jezelf eens?

Wat is ethiek? Wat is moraal? Het zijn twee begrippen waarmee we een bepaalde manier van kijken, een zienswijze op ons leven aanduiden. Wat voor zienswijze dit is, die morele kijk, zetten we uiteen in dit eerste hoofdstuk. We leggen uit wat je aan het doen bent als je moreel kijkt en we bespreken het resultaat van moreel kijken. We noemen het resultaat van moreel kijken een moreel oordeel. Vervolgens geven we vijf kenmerken van morele oordelen om deze oordelen beter te herkennen. Met deze kenmerken kunnen we ook de begrippen 'ethiek' en 'moraal' omschrijven. Ten slotte zullen we zien dat het geheel van morele opvattingen van mensen, de 'moraal', niet onveranderlijk is en voor eeuwig vastligt, maar door de tijd en door nieuwe ontwikkelingen in de maatschappij steeds bijgesteld wordt.

⬤1.1 Het intuïtief moreel oordeel

Iets goed of slecht vinden is eigen aan het dagelijks leven. Meerdere keren per dag spreken we onze waardering of onze afkeer uit over iets dat we meemaken. We beoordelen de wereld om ons heen. Zo'n oordeel kan gaan over het weer, een auto die kapot gaat (balen!), over de macaroni die je eet (héérlijk) of over gedrag van mensen. Als zo'n oordeel gaat over gedrag van mensen en hoe ze met elkaar omgaan, dan spreken we van een *moreel oordeel*. In een moreel oordeel spreek je uit wat je behoorlijk vindt van jezelf en van anderen. Je geeft aan hoe je verwacht dat die ander met jou of anderen om zou *moeten* gaan. We geven drie voorbeeldzinnen waarin zo'n oordeel besloten ligt.

Moreel oordeel

- De docent statistiek laat je nou nooit eens een keer uitpraten!
- Ik vind het lullig dat Chris de verkering uitmaakte via de whatsapp.
- Ellen, kon je nu niet éven op me wachten voordat je naar de trein loopt?

Je verwacht dat je kunt uitspreken in de statistiekles. Je verwacht dat Chris de moed heeft persoonlijk de relatie te beëindigen. En je verwacht dat Ellen even op je wacht als je beiden naar het station moet. Uit deze alledaagse voorbeelden blijkt dat moreel oordelen een onderdeel is van het dagelijks leven. Het is zo normaal zelfs, dat het oordelen vaak vanzelf gaat. Zo'n oordeel over Chris of over Ellen komt er gemakkelijk uit. We noemen zo'n moreel oordeel dat vanzelf komt, een *intuïtief moreel oordeel*. Zoals het woord al zegt, oordeel je automatisch, net zoals fietsen automatisch gaat. Je denkt er niet over na vóórdat je het doet. Je weet wel achteraf wat je gedaan hebt, maar je hebt er niet over nagedacht voordat het gebeurde. Het gaat vanzelf, zoals zoveel dingen in je dagelijks leven.

Intuïtief moreel oordeel

> Een intuïtief moreel oordeel is een moreel oordeel dat kant en klaar ontstaat in je bewustzijn zonder dat je erover na hoeft te denken en voordat je erover nagedacht hebt.

Het intuïtief moreel oordeel kan zo vanzelf gaan, dat je niet eens beseft dat je een moreel oordeel uitspreekt. Het blijft dan impliciet in de dingen die je zegt. En als de ander je onuitgesproken mening deelt, valt het helemaal niet op. Dit gebeurt in gesprekken van de vorm: '*Belachelijk zeg, zoals de docent je onderbreekt als je wat vraagt. Ja, dat is echt niet normaal.*'
Echter, als de ander het niet met je eens is, dan wordt dat vaak wel duidelijk. Bijvoorbeeld als iemand reageert: '*Nou ja, jij hebt ook zulke lange vragen. Ik snap dat wel hoor.*' Of als iemand zegt het prima te vinden dat Chris de verkering per whatsapp beëindigde. Je wordt je dan bewust dat je oordeelt over het gedrag van Chris. Je intuïtieve morele oordeel wordt dan bewust gemaakt. Je realiseert je dat je een standpunt over het gedrag van iemand hebt. Het gebeurt dan vaak dat er een gesprek ontstaat, of een discussie, over het standpunt. Je wordt dan aan het denken gezet. Is het wel juist wat ik vind?

1

REFLECTIEVRAGEN

1.1   Welke morele oordelen heb jij uitgesproken de afgelopen dagen?
      Schrijf ze precies zo op als je ze uitsprak.
1.2   Welke formulering koos jij; een indirecte of een heel duidelijke
      uitspraak?

Om te kunnen begrijpen wat er gebeurt als je intuïtieve morele oordeel bewust wordt, maken we een onderscheid tussen drie verschillende processen
die zich in je bewustzijn afspelen:
1 Je *oordeelt* dat iets goed of slecht is. Je vindt iets.
2 Je *kent* je oordeel. Je weet dat het je mening is en je kent het standpunt
   van de ander.
3 Je *voelt* dat je het oneens bent met de ander. Het oordeel brengt een bepaald gevoel met zich mee.

We lichten het verschil tussen oordelen, kennen en voelen toe aan de hand   **Oordelen**
van de laatste voorbeeldzin: '*Ellen, kon je nu niet éven op me wachten voordat
je naar de trein loopt?*' Als je zegt dat Ellen wel even kon wachten, spreek je
een *beoordeling* uit over Ellen haar gedrag. Je beoordeelt de keuze van Ellen
om alvast weg te lopen. Dit is weliswaar impliciet, je zegt het niet letterlijk,
maar het is helder wat je bedoelt. Dit oordeel over het gedrag leer je *kennen*   **Kennen**
als je het uitspreekt, of als iemand erop reageert. Je wordt je er dan van bewust wat je mening is. Je kent je mening en leert wellicht die van de ander
kennen. En ten slotte kun je *voelen* dat je het waardeloos vindt van Ellen dat   **Voelen**
ze alvast wegloopt. Er klinkt dan verontwaardiging in je stem, boosheid of een
andere emotie. Het oordelen is dus iets anders als het kennen van je oordeel of het voelen van je oordeel. Als je oordeelt, neem je een standpunt
voor je rekening ('Ik vind dat …'). Jij verbindt je met je standpunt en staat ervoor als persoon en bent erop aanspreekbaar. Als je kent, dan blijf je neutraal ten opzichte van je eigen standpunt. Je beschrijft alleen wat je weet van
jezelf, zoals je je gewicht of lengte kent. En als je voelt, dan ervaar je het oordeel in je binnenste. Niemand kan daar bij. Het is alleen van jou.

Het voelen, kennen en oordelen zijn drie te onderscheiden processen in je
bewustzijn, of vormen van jouw bewustzijn. *Jij* bent het die voelt, kent of oordeelt. Of, zoals de Amerikaanse filosoof John Dewey het formuleerde: Je   **John Dewey**
voelt wie je bent, je weet wie je bent, en je kiest ervoor wie je bent. We gaan
nu verder in op het resultaat, het gevolg van deze processen.

Je bent jezelf. Je kent jezelf. En je kiest jezelf.

MORAAL, KWESTIE VAN OORDELEN

1.2 Het verschil tussen kennen, oordelen en voelen

Objectiveren

Als je de wereld kent, plaats je dat wat er gebeurt buiten jezelf en beschrijft het vervolgens. Dit proces heet *objectiveren* en het resultaat van dit proces is kennis van de buitenwereld (een objectief domein). Een kenmerk van kennis is dat het gemakkelijk uitwisselbaar is tussen mensen. Als ik je vertel hoe laat de trein gaat, dan weet jij dat ook en hebben we beide dezelfde kennis. Ik heb mijn kennis aan jou overgedragen.

Oordelen is niet het kennen van je oordeel.

Subjectiveren

Als je de wereld beleeft, richt je je op wat er innerlijk met je gebeurt. Je voelt wat je meemaakt alsof de wereld zich in jou zelf afspeelt. De trein is het station al uit, maar hij zit nog heel erg in je hoofd en in je lijf. Dit proces heet *subjectiveren* en het resultaat is een gevoel in je binnenwereld (een subjectief domein). In tegenstelling tot kennis zijn gevoelens niet uitwissel- baar. Ik kan jouw teleurstelling niet voelen als jij de trein mist. Ik kan me wel voorstellen hoe jij je voelt, maar jouw teleurstelling is en blijft van jou alleen. Ook kan ik jouw gevoelens leren kennen, maar dan nog heb ik niet hetzelfde gevoel als jou. Een gevoel speelt zich af in een persoonlijke bin- nenwereld van een mens.

Oordelen is niet 'voelen wat je vindt'.

En ten slotte, als je de wereld beoordeelt, richt je je op gedrag van mensen en wat jij daarvan vindt. Je verbindt gedrag van anderen met je eigen oordeel;

je vindt dat gedrag goed of slecht. Dit proces heet *normeren* en het resultaat is een verbinding van jezelf met anderen ofwel een tussenwereld (een normatief domein). Normatieve uitspraken zijn beter uitwisselbaar dan gevoelens omdat ze niet louter persoonlijk zijn. Je kunt het namelijk eens zijn met elkaar en dat van elkaar weten. Maar ze zijn minder goed uitwisselbaar dan kennis omdat ze wel aan de persoon gebonden zijn die het uitspreekt. Morele oordelen zijn dus niet persoonlijk, maar wel persoonsgebonden.

Normeren

De beschreven processen van kennen, beoordelen en beleven kunnen naar keuze toegepast worden. Het is een bril die je opzet. Maar let op: je hebt altijd een van deze drie brillen op. Er is geen neutraal buitenpunt van waaruit je de brillen en hun effecten kunt vergelijken. Je gebruikt altijd een van deze drie brillen. Je gebruikt altijd een benadering.

REFLECTIEVRAGEN

1.3   Met welke bril op ben je dit boek aan het lezen?

1.4   Zijn er al momenten geweest dat de andere processen aan de orde waren? Heb je al geoordeeld over gedrag of heb je al een emotie gevoeld?

Laten we eens vanuit deze drie brillen naar de situatie van een van de voorbeeldzinnen kijken.

VOORBEELD 1.1

Stel je voor dat je verkering hebt met Chris en je leest op je mobiel dat het uit is tussen jullie twee. Een mogelijke reactie op het whatsappje van Chris is dat je je richt op het beleven ervan; je kunt je dan lekker boos maken en blijven, of uitgebreid gaan huilen, of juist overdreven stoer gaan doen. Mensen met liefdesverdriet zijn vaak heel creatief in het vasthouden van hun gevoel. Deze gevoelens zijn strikt persoonlijk. Een ander kan jouw liefdesverdriet niet voelen. Een ander kan zich wel voorstellen hoe je je voelt, maar kan niet het verdriet zelf voelen. Een gevoel is subjectief. Het beperkt zich tot je eigen binnenwereld.

Laten we een andere bril opzetten. Het is heel goed mogelijk dat je na dit whatsappje van alles vindt van Chris. Dat het onbehoorlijk is, dat je dit echt niet kan maken, et cetera. Dan ben je het gedrag aan het beoordelen en het resultaat is een normatieve uitspraak, een moreel oordeel over het gedrag. Een vriend of vriendin zal misschien hetzelfde oordeel hebben. Een moreel oordeel kun je wel gezamenlijk hebben. En dit schept verbinding.

Een derde bril die we op kunnen zetten is die van het beter leren kennen van wat er gebeurd is. Is het waar wat er gebeurt? Heeft misschien een 'grappige' vriend het bericht verzonden? Je gaat dan op onderzoek uit in de wereld buiten jezelf. Je belt Chris op en vraagt of anderen zijn of haar mobiel in handen hebben. Je bent dan aan het objectiveren. De kennis die dit oplevert kun je gemakkelijk delen. '*Het was helemaal niet waar!*', zeg je dan.

In figuur 1.1 zie je de verschillen tussen de drie processen in je bewustzijn.

FIGUUR 1.1 Verschillende vormen van bewustzijn

Bewustzijnsvorm	Wat doe je?	Resultaat van de omgang	Centrale vraag
Kennen (objectiveren)	Je representeert een buitenwereld in je bewustzijn	Feiten(kennis)	Is het waar?
Beoordelen (normeren)	Je verbindt jezelf met anderen	Morele oordelen	Is het juist?
Voelen (subjectiveren)	Je ervaart een binnenwereld in je bewustzijn	Gevoelens	Hoe voel ik me?

We zien in figuur 1.1 dat kennen, beoordelen en voelen benaderingen zijn van de wereld. Deze benaderingen hebben elk hun eigen resultaat. Dit staat opgenomen in de derde kolom. Morele oordelen zijn niet objectief zoals ware kennis, maar het zijn ook geen persoonlijk gevoelde emoties. Morele oordelen zijn het resultaat van het beoordelen van de wereld om je heen. Wat betekent dit nu voor onze communicatie en samenwerking? Wat zijn de gevolgen van het verschil tussen feiten, oordelen en gevoelens voor hoe we samenwerken?

Een moreel oordeel kun je uitwisselen als kennis en voelen als een emotie.

Feiten
Oordelen
Emoties

Feiten, oordelen en emoties kun je uitwisselen met elkaar en dat doen mensen elke dag in hun leven. Echter, als je morele oordelen uitwisselt gebeurt er wel iets anders dan wanneer je feiten of emoties uitwisselt. Als iemand je vertelt dat de trein om 17.06 uur vertrekt (uitwisseling van een feit), dan bezit je beiden dezelfde kennis. Als een ander je vertelt hoe kwaad hij of zij is, deel je niet dezelfde emotie. Sterker nog, dit zal nooit kunnen omdat je de kwaadheid van een ander niet kunt voelen. Je kunt het je voorstellen, zeker, maar dat is iets anders. Het kan zelfs zijn dat je ook boos wordt als je het verhaal van de ander hoort. Maar dan zijn er twee boosheden in het spel. Je deelt niet een boosheid zoals je kennis kunt delen. Als je samen boos bent, zijn er twee gevoelens van boosheid.

En hoe zit het met morele oordelen? Wat gebeurt er als je die uitwisselt? Morele oordelen zitten wat het uitwisselen betreft tussen het delen van kennis en het vermeerderen van emoties in. Een moreel oordeel is enerzijds iets dat in jezelf zit, zoals een emotie, maar het is ook iets dat voor meerdere mensen gelijk kan zijn. En dat kunnen we weten van elkaar. Over morele oordelen kun je het immers eens zijn, zoals over feiten. Terwijl het onzin is het eens te zijn over gevoelens.

Valkuilen van elke benadering

Elke benadering van de werkelijkheid heeft zijn eigen valkuil. Dat wil zeggen dat je er te veel van kunt hebben of dat je je te veel beperkt tot één zienswijze. Mensen met een sociale opleiding bijvoorbeeld worden getraind in het omgaan met emoties van anderen en van zichzelf. Dit is belangrijk voor hun functioneren. Door deze focus ontstaat wel de neiging (de valkuil) om ook morele oordelen tot een gevoel te reduceren. Een gesprek over een morele kwestie loopt dan nog al eens dood op een 'Ja, jij voelt dat zo, ik voel dat anders'. Alsof je gevoel het doorslaggevende argument is in een moreel gesprek.
Mensen met een technische opleiding daarentegen worden getraind in het objectiveren van de werkelijkheid, waardoor de neiging (de valkuil) ontstaat morele oordelen te beschouwen als feiten die je als waarheid moet aannemen. Je hoort dan in een moreel gesprek bijvoorbeeld 'Het is nu eenmaal zo dat …', waarna een moreel oordeel als een feit wordt gepresenteerd.
Door de strikt sociale en de strikt technische benadering laat men zich onbewust beïnvloeden, waardoor men niet meer komt tot een echt moreel oordeel. Docenten ethiek ten slotte, hebben als valkuil om van alles de morele kant te willen zien. Om zich bij alles af te vragen of het moreel verantwoord is. Dit is de valkuil van het moraliseren.

Dit eens zijn over morele oordelen vergt wel het nodige overleg. Je moet goed met elkaar praten voordat duidelijk is dat je het eens bent over een moreel oordeel. In paragraaf 1.4 leggen we uit hoe zo'n gesprek over morele oordelen eruitziet en wat daar voor nodig is. Maar eerst leggen we uit hoe een moreel oordeel eruitziet. Waaraan kunnen we een moreel oordeel herkennen?

REFLECTIEVRAGEN
1.5   Schrijf een aantal uitspraken op waarmee je het de laatste tijd eens was.
1.6   Hoe weet je nu dat je het eens was met die persoon of die uitspraak? Beschrijf het proces dat zich afspeelde bij jou toen je het eens was. Hoe ging dat? Wat gebeurde er?

1.3 Waaraan herken je een moreel oordeel?

We hebben in de vorige paragraaf een intuïtief moreel oordeel onderzocht. We weten nu dat een moreel oordeel het resultaat is van een bepaalde manier van kijken naar de wereld, en dat het resultaat van deze manier van kijken individuen overstijgt, dus niet subjectief is, maar ook niet objectief is. In deze paragraaf bespreken we hoe je van een ondoordacht moreel oordeel naar een weloverwogen moreel oordeel kunt komen. We kijken daartoe eerst naar de kenmerken van een weloverwogen moreel oordeel. Hoe ziet zo'n moreel oordeel eruit? Waaraan kunnen we het herkennen?

Moreel oordeel

Vijf kenmerken van morele oordelen

We geven vijf kenmerken waarmee we het morele gezichtspunt en het resultaat ervan, morele oordelen, kunnen onderscheiden. Een moreel oordeel:

1 gaat over menselijk gedrag
2 overstijgt het individuele (is veralgemeniseerbaar)
3 is normatief (schrijft voor hoe het moet)
4 is gericht op het goede
5 kan morele verontwaardiging veroorzaken

Ad 1 Het gaat over menselijk gedrag

Een moreel oordeel gaat altijd over *gedrag van mensen*. Het betreft niet de kwaliteit van een laptop, het gaat niet over het mooie weer of over de spannende film van gisteravond. Morele oordelen zijn een oordeel over gedrag van mensen.

Als je met een vinger naar een ander wijst, wijzen er drie terug.

Ad 2 Overstijgt het individuele

Een moreel gezichtspunt overstijgt automatisch het individuele. Wat ik voor mij goed vind om te doen, verwacht ik ook van jou. En dat wat ik in jouw gedrag afkeur, kan ik zelf ook niet maken. Dit snappen alle kinderen op de wereld. Als de één een snoepje mag, dan mag de ander het ook. Dat is eerlijk en eerlijkheid geldt voor alle kinderen en volwassenen (hoewel managers in organisaties dit soms vergeten). Deze eigenschap van morele oordelen betekent dat oordelen in één situatie automatisch ook oordelen betekent over anderen in zo'n zelfde situatie. We noemen dit het *universaliteitsprincipe*.

Universaliteits-principe

Het universaliteitsprincipe houdt in dat morele oordelen inherent veralgemeniseerbaar zijn. Een morele uitspraak over iemand in een situatie is meteen een uitspraak over alle mensen in dezelfde situatie. Als Kevin en Charlotte te laat de klas binnenkomen en een uitbrander krijgen van de docent, dan verwacht iedereen dat Kayley, die daarna nog binnenkomt, ook een uitbrander krijgt. Als dit niet gebeurt, kijkt iedereen vreemd op. Ja toch?

Iedereen snapt het universaliteitsprincipe.

Ad 3 Is normatief

Een derde kenmerk van het morele gezichtspunt is dat het *normatief* is. Het gaat erom hoe je *behoort* te handelen. Het schrijft voor wat je moet doen. Het gaat niet over hoe de wereld is (dat is kennis), maar over hoe de wereld *zou moeten zijn*. Echter, een voorschrift hoe je behoort te handelen kan ook een recept zijn om koekjes te bakken. Dat schrijft immers ook voor wat je moet doen. En een recept volgen is niet wat we gewoonlijk moreel handelen noemen. Daarvoor is een vierde kenmerk van moreel oordelen nodig.

Ad 4 Is gericht op het goede
Een vierde kenmerk van het moreel gezichtspunt is dat het gericht is op
zaken die op zichzelf goed of nastrevenswaardig zijn. Dus niet zaken die
wenselijk zijn vanwege een erbuiten gelegen doel, maar zaken die om zichzelf nastrevenswaardig zijn. Het recept volgen bijvoorbeeld, is goed omdat je
er lekkere koekjes mee krijgt. Maar een moreel oordeel volgen is goed op
zichzelf, zelfs wanneer het niet tot resultaten leidt. Denk bijvoorbeeld aan
een student die heel hard werkt. Deze wordt hierom geprezen, ook al zijn de
cijfers slecht. Inzet is op zichzelf goed, nastrevenswaardig.
Zulke op zichzelf nastrevenswaardige zaken noemen we *morele uitgangspunten*.

| Een moreel uitgangspunt is een omschrijving van iets dat op zichzelf   **Moreel**
| nastrevenswaardig is betreffende menselijk samenleven.   **uitgangspunt**

In morele oordelen zijn altijd morele uitgangspunten herkenbaar. Maar ze
blijven wel vaak onuitgesproken. Soms ook worden ze expliciet genoemd in
een oordeel. Bijvoorbeeld als je zegt dat iets niet eerlijk is of onrechtvaardig. Eerlijkheid en rechtvaardigheid zijn twee voorbeelden van morele uitgangspunten. We geven in figuur 1.2 een aantal voorbeelden van morele uitgangspunten die op zichzelf nastrevenswaardig zijn. Voor de duidelijkheid
zetten we naast de morele uitgangspunten zaken met een extern doel die
hierop lijken.

FIGUUR 1.2 Voorbeelden van morele uitgangspunten en erop lijkende zaken

Morele uitgangspunten	Zaken met een extern doel die erop lijken
Een goed leven	Veel verdienen
Eerlijk zijn tegen je vrienden	Mooie kleding
Inzet (op school)	Je diploma
Vriendschap	Veel vrienden hebben
Ik wil de wet niet overtreden	Een boete ontlopen
Gezondheid	Gezond eten
Je moet dieren met respect behandelen	Smaakvol hondenvoer
Aandacht voor je medemens	Aandacht van je medemens

Ad 5 Kan morele verontwaardiging veroorzaken
Een laatste kenmerk van morele oordelen is dat het een heel specifiek
soort emotie, *morele verontwaardiging*, los kan maken bij mensen. Je kent   **Morele**
het wellicht zelf wel dat je verontwaardigd bent als iemand je oneerlijk be-   **verontwaardiging**
handelt. Het oordeel 'dat is niet eerlijk' veroorzaakt een verontwaardiging
die we kunnen herkennen doordat iemand bijvoorbeeld met meer stemverheffing gaat spreken. Deze morele verontwaardiging moet je niet verwarren
met het oordeel. De verontwaardiging is een gevolg van het oordeel en
niet het oordeel zelf. De verontwaardiging is dus ook geen reden voor het
oordeel. De wijze waarop je behandeld wordt, is niet immoreel *omdat* je
er verontwaardigd over bent. Je bent verontwaardigd omdat je immoreel

behandeld wordt. De verontwaardiging is een gevolg van het oordeel. Een moreel oordeel is geen gevoel, hebben we gezien in paragraaf 1.2. Het brengt wel vaak een bepaald gevoel met zich mee.

Verontwaardiging is een gevolg van een moreel oordeel, geen reden ervoor.

Met behulp van deze vijf kenmerken kunnen we nu ook tot een definitie komen van een moreel oordeel.

Moreel oordeel | Een moreel oordeel is een waardering van menselijk gedrag aan de hand van morele uitgangspunten.

We weten nu wat je doet als je moreel oordeelt en waaraan we morele oordelen kunnen herkennen. Maar wat hebben die mooie woorden 'ethiek' en 'moraal' hiermee te maken? En wat betekent dat voor ons dagelijks functioneren?

> **REFLECTIEVRAAG**
> 1.7   Welk gedrag roept bij jou morele verontwaardiging op? Waarover maak jij je druk?

1.4 Ethiek, moraal en het moreel vertoog

We hebben gezien dat morele oordelen niet objectief zijn. We hebben ook gezien dat morele oordelen niet persoonlijk (subjectief) zijn, zoals gevoelens. Morele oordelen beperken zich niet tot jouw binnenwereld alleen. Je spreekt immers een verwachting uit over hoe jij je wilt gedragen in de toekomst en wat je verwacht van anderen. Een moreel oordeel strekt zich uit buiten jou als persoon.
Als je bijvoorbeeld het oordeel uitspreekt '*ik vind dat je op tijd moet zijn op een bijeenkomst van de projectgroep*', dan begrijpen en verwachten al je projectgroepleden dat je zelf op tijd probeert te zijn en dat je dit standpunt morgen ook nog zult hebben. In zo'n uitspraak laat je jezelf zien aan anderen. Het zegt iets over jou en in die zin is zo'n uitspraak aan jouw persoon verbonden. Het is immers mogelijk dat je projectgroepleden een ander standpunt hebben. Het is echter geen persoonlijke uitspraak, zoals: 'ik heb het warm', 'ik heb honger' of 'ik heb geen zin meer'. Deze laatste drie zinnen zijn persoonlijk. Ze zeggen alleen iets over jou en over hoe jij je voelt. Een oordeel als '*ik vind dat je op tijd moet zijn*' zegt ook iets over hoe jij verwacht dat de anderen zich gedragen en dat is helemaal niet persoonlijk zoals de andere drie voorbeelduitspraken.

Morele oordelen zijn aan personen gebonden maar niet persoonlijk.

Je kunt je voorstellen dat er een gesprek ontstaat in de projectgroep over de vraag of je op tijd moet komen. Als je weloverwogen een moreel oordeel wilt vormen in een situatie, dan is een effectieve methode erover spreken met anderen. Dit betekent het uitspreken van oordelen, het onderbouwen van je oordeel met argumenten, het wegen van deze argumenten et cetera. In zo'n gesprek herzie of nuanceer je je eigen oordeel wellicht ook. Wat je dan doet, is niet het leren kennen van een gezamenlijke buitenwereld (objectief), of het ervaren van een persoonlijke binnenwereld (subjectief), maar een *samenstellen* van een met anderen gedeelde *tussenwereld*. In een gesprek vorm je je eigen morele oordeel en vormen de anderen hun oordeel en bespreek je de overlap en de verschillen van de oordelen. In zo'n gesprek wordt duidelijk waarover je het eens bent met elkaar, en in hoeverre je het oneens bent. Zo'n gedeeld moreel oordeel van meerdere mensen of een groep noemen we *moraal*.

> Moraal is het geheel van gedeelde morele oordelen van een groep   **Moraal**
> dat ontstaat in een gesprek. Het is het geheel van morele regels
> waaraan wij onszelf en anderen in redelijkheid gehouden achten.

Het woord moraal is gevallen. Vaak wordt dit woord in een adem genoemd met ethiek of zelfs als synoniem voor ethiek. Dat is ook niet zo gek, want oorspronkelijk betekenen de woorden hetzelfde. Ethiek komt van het Griekse woord 'ethos' en moraal van het Latijnse 'moralis'. Beide woorden betekenen 'gewoonte, gebruik'. En het Grieks en Latijn zijn nu eenmaal de talen waarin voor het eerst in onze cultuur systematisch over onze zeden werd nagedacht. Vandaar dat we het woord ervoor uit die talen hebben overgenomen. Hiermee zijn we meteen gekomen op het verschil in betekenis tussen ethiek en moraal. Moraal is, zo hebben we gezien, het geheel van morele regels. Het begrip *ethiek* reserveren we voor de betekenis 'studie, de wetenschap van de morele regels'.

> Ethiek is de wetenschap die moraal bestudeert en die tracht de mo-   **Ethiek**
> raal verder te helpen door nieuwe argumenten te ontwikkelen en te
> gebruiken in afwegingen.

Uit deze omschrijving van moraal wordt duidelijk dat de moraal kan verschillen tussen groepen mensen. En dat kennen we ook in de wereld. Je komt bij een vriend of vriendin thuis en merkt dat de mores daar anders is. Op vakantie in een ander land word je ook geconfronteerd met de andere zeden en gebruiken. En – nu komen we bij de doelstelling van dit boek – in je vakantiebaantje of op je stageplek zal ook blijken dat men er specifieke ver-   **Verwachtingen**
wachtingen heeft over hoe je met elkaar en met de klanten omgaat. Elke organisatie en elk vakgebied heeft zijn eigen verzameling morele oordelen, zijn eigen moraal.

Normen en waarden zijn universeel. Het zijn de morele oordelen die verschillen tussen mensen.

Normen en waarden

De moraal van een familie, organisatie of cultuur wordt vaak aangeduid met de *normen en waarden*. Dit is een misleidende term want het zijn niet de normen en waarden die verschillen, maar de morele oordelen van die groep. Normen en waarden zijn universeel. Iedereen is voor respect, vrijheid, vrede en rechtvaardigheid. Het is de afweging tussen de verschillende normen en waarden in specifieke situaties, die kan verschillen tussen groepen mensen. Het zijn dus niet de normen en waarden die verschillen maar de moraal, dat wil zeggen de verzameling morele oordelen in concrete situaties, die verschilt tussen (groepen) mensen.

Normen en waarden komen ter sprake in het volgende hoofdstuk. We gaan nu in op de kenmerken van het gesprek over moraal.

Moraal is het resultaat van een gesprek

Moraal is het product van een gesprek in een groep. De moraal van een groep is nauw verbonden met het voeren van een gesprek. Niet alleen is een gesprek de methode om het gedeelde morele oordeel te vinden. Het is ook een direct gevolg van de kenmerken van morele oordelen. Dit laatste lichten we toe.

Moreel gesprek

Laten we nogmaals kijken naar de eerste drie kenmerken van een moreel oordeel (zie paragraaf 1.3). Als we een moreel oordeel uitspreken, gaat het altijd over hoe mensen met elkaar omgaan. Daarnaast hebben we gezien dat een oordeel in een situatie automatisch met zich meebrengt dat het ook geldt voor anderen in die situatie. En we hebben gezien dat een oordeel voorschrijft wat we behoren te doen. Dat waren de eerste drie kenmerken van morele oordelen. Deze drie kenmerken brengen met zich mee dat over morele oordelen heel snel een *moreel gesprek* ontstaat.
Als iemand bijvoorbeeld zegt: 'De pizza is lekker', dan is het eenvoudig om te reageren: 'Tja, ik houd meer van spaghetti.' Het laat je wellicht koud of een ander wel of niet van pizza houdt. Als iemand daarentegen zegt: 'Ik vind dat je op elkaar moet wachten als je met dezelfde trein gaat', dan betekent deze uitspraak voor jou iets, want de uitspraak geldt ook voor jou. Er wordt immers uitgesproken wat jij *behoort* te doen. Als die uitspraak voor jou een betekenis heeft, is het veel moeilijker om te reageren met een: 'Mooi dat jij dat vindt, ik vind van niet.'
Een moreel oordeel nodigt sterk uit om te reageren, om een gesprek aan te gaan. Dit wordt nog eens versterkt door het laatste kenmerk van morele oordelen: de specifieke emotie 'morele verontwaardiging' die door morele oordelen wordt losgemaakt. Als mensen verontwaardigd zijn, is het veel moeilijker voor hen om hun mond te houden.

Een moreel oordeel verleidt tot een gesprek.

Als we zeggen dat moraal leidt tot gesprek, dan heeft het woord gesprek hier een heel brede betekenis. Het kan een echt gesprek zijn tussen twee studenten die afspreken dat ze op elkaar wachten voordat ze naar de trein gaan. Het kan een docentenvergadering zijn van twintig mensen met een voorbereid agendapunt waar al veel discussie over is geweest, en waarin de voorzitter aankondigt dat men 'nu tot een besluit moet komen'. Het kan een hogeschool of universiteit zijn waar al maanden op allerlei wijzen gepraat wordt of men op moet treden tegen digitaal pesten op het computernetwerk binnen de instelling. Maar er is ook sprake van een continu moreel 'gesprek' in de samenleving. Als samenleving vormen en hervormen wij voortdurend onze moraal door middel van interactie en communicatie. Op maatschappelijk niveau gebeurt dit onder andere door de televisieprogramma's waar we naar kijken, de politici die we aanhoren of de kranten die we lezen. Zo is er in de afgelopen jaren veel gepraat over de integratie van allochtonen in de multiculturele samenleving.

REFLECTIEVRAAG
1.8   Sla een krant op en kijk. Welke morele oordelen liggen besloten in de koppen of de artikelen?

De betekenis van het woord 'gesprek' is hiermee zo opgerekt, dat we een nieuw woord voor dit verschijnsel introduceren. We gebruiken het woord *moreel vertoog* om aan te geven dat een groep mensen interactie heeft en daarmee haar moraal vormt. Het woord interactie kan hier nog van alles betekenen: roddelen in de koffiepauze, politieke debatten, whatsappen met je vrienden, ingezonden stukken in de krant, tv-kijken et cetera.

> Het moreel vertoog is het geheel aan communicatie en interactie waarin mensen hun morele oordelen, en daarmee hun moraal, vormen en op elkaar afstemmen.

Moreel vertoog

De informatie- en communicatierevolutie die de afgelopen twee decennia heeft gewoed, heeft grote invloed op dit maatschappelijk vertoog. In de tijd dat jullie ouders verkering hadden, spraken ze elkaar met tussenpozen van een paar dagen of meer. Als er onbegrip of onenigheid was, fietsten ze die avond naar huis en zeurden tegen een broer of zus. De volgende dag belden ze misschien met de huistelefoon die centraal in het woonhuis stond, zodat je nooit alleen sprak. Vergelijk dit met de snelheid van communicatie nu. Op de fiets naar huis whatsapp je met vrienden, of juist met je vriend(in), die er op dat moment ook over whatsappt met anderen. Als je thuiskomt kun je op Facebook al lezen dat de verkering over is, of dat het misverstand is opgelost.
Ook in organisaties zijn de gevolgen van de informatie- en communicatierevolutie zichtbaar. Via het office-pakket heeft heel de afdeling inzicht in de agenda van de leidinggevende en we werken allemaal op een flexibele werkplek. Het gaat er niet om dit als vooruitgang of achteruitgang te kwalificeren. Punt is dat de vorm waarop het moreel vertoog wordt gevoerd, verandert en wij veranderen mee.

Kortom, in onze cultuur en in ons werk is de moraal doorlopend onderwerp van gesprek en daarmee is de moraal doorlopend in ontwikkeling.

We zijn continu in interactie met elkaar en in die interactie vormen we onze moraal.

Professionals

Het voeren van een gesprek is niet alleen belangrijk voor het vormen van onze morele oordelen en onze moraal, maar ook voor ons professioneel functioneren. Elk beroep brengt zijn eigen morele kwesties met zich mee die een competente professional moet kunnen oplossen. Het is dus belangrijk dat we het morele gesprek goed kunnen voeren. Dat we vaardige gespreks-partners zijn, voor onszelf en voor onze collega's. In de laatste paragraaf bekijken we wat je moet kunnen om hierin goed te functioneren.

> **REFLECTIEVRAAG**
> 1.9 Wat was de laatste keer dat je een gesprek had over een moreel on-
>   derwerp? Beschrijf het onderwerp, de vorm van de interactie en het
>   verloop van het gesprek. (Tip: het is nooit langer dan een of twee
>   dagen geleden.)

1.5 Morele competenties

Wat moet je eigenlijk kunnen om een volwaardig gesprekspartner te zijn in het morele vertoog? Kort samengevat komt het erop neer dat je zelf moreel moet kunnen nadenken en redelijke argumenten moet kunnen geven. Voor dit nadenken is het allereerst belangrijk dat je je morele intuïtie de baas wordt. Onze morele intuïtie is als een automatische piloot. Hij doet het prima, 95 procent van de tijd, maar je moet hem wel op tijd uitschakelen. Let wel, je morele intuïtie is niet fout, hij schiet alleen tekort bij ingewikkelde situaties.

Van morele intuïtie naar weloverwogen oordeel

Intuïtief moreel oordeel

Als je in een situatie terechtkomt waarover een moreel oordeel mogelijk is, dan komt dat oordeel meestal ook 'vanzelf'. Je kent vast wel het verschijn-sel dat iemand iets doet en dat je daar meteen wat van vindt. Je hoeft niet eerst een tijd te piekeren wat je oordeel is. Je weet het meteen. We noem-den dit in paragraaf 1.1 een *intuïtief moreel oordeel*. Ieder mens heeft een morele intuïtie waarmee hij of zij in staat is direct en zonder al te veel na te denken te oordelen over een situatie. Met deze morele intuïtie word je niet geboren. Je leert het in de loop van je leven aan door middel van de ervarin-gen die je opdoet.

Er zijn een aantal redenen waarom dit oordelen met behulp van je morele intuïtie tekortschiet in het functioneren van een professional:
1 Je morele intuïtie is niet uit te leggen aan anderen.
2 Als je alleen intuïtief oordeelt, kun je niet leren van je fouten en successen.
3 Je intuïtie bereidt je niet voor op nieuwe situaties.

Ad 1 Je morele intuïtie is niet uit te leggen aan anderen
Een intuïtief oordeel is moeilijk uit te leggen aan collega's of andere betrokkenen voor wie jouw oordeel ertoe doet. Een intuïtief oordeel is immers per definitie een oordeel dat zich aan je bewuste overwegingen onttrekt. Het is er, voordat je hebt nagedacht. Dat maakt het juist intuïtief. Als collega's vragen waarom je een bepaald oordeel hebt over een situatie, is dat moeilijk uit te leggen. De overwegingen hebben niet bewust plaatsgehad en je kunt het dus ook niet desgevraagd uitleggen. Voor een professional is dit onder de maat, want als je goed wilt samenwerken met anderen moet je kunnen uitleggen waarom je de keuzes maakt die je maakt. Het onderbouwen van je morele oordelen is een voorwaarde voor professioneel functioneren.

Veel mensen wéten niet eens dat hun morele oordeel op de automatische piloot staat.

Ad 2 Je leert niet van een intuïtief oordeel
Als je oordeel intuïtief is, kun je er veel moeilijker op terugkijken. Je kunt veel moeilijker overdenken of je oordeel heeft voldaan, of het tekortschoot en zo ja, waarin dan wel precies. Van een intuïtief oordeel kun je niet uitleggen welk aspect in de situatie nu de doorslag gaf tot dit oordeel. Dus weet je ook niet wat je de volgende keer in een iets andere situatie zult oordelen. Er is, kortom, geen mogelijkheid om je moreel functioneren systematisch te verbeteren. Juist voor een professional is dit onder de maat.

Ad 3 Je intuïtie bereidt je niet voor op nieuwe situaties
We hebben gezegd dat je morele intuïtie zich vormt in de loop van je leven door de levenservaring die je opdoet. Voor je professioneel functioneren leggen we de lat wat hoger dan dit leren door ervaring. Jonge professionals worden opgeleid voor taken waar ze nog geen ervaring mee hebben. Ook met de nieuwe morele vragen die je zult tegenkomen in je werk heb je nog geen ervaring. Toch wil de opleiding je voorbereiden op het morele oordeel dat je dan moet formuleren. Om beter voorbereid te zijn op nieuwe morele situaties en de noodzaak daarover een oordeel te geven, is het zaak te oefenen met het expliciet formuleren en onderbouwen van een moreel oordeel.

Je morele intuïtie laat je in de steek in een nieuwe omgeving.

We zien, kortom, een noodzaak tot het expliciet formuleren en onderbouwen van je morele oordeel. De manier waarop we dat doen, is door het morele oordeel te beschouwen als een antwoord op een morele vraag. We formuleren een vraag en kijken of we goede argumenten kunnen vinden om tot een antwoord te komen waar we achter staan. Dat is de functie van het stellen van een morele vraag. Het is een hulpmiddel om een proces op gang te krijgen waarin je je oordeel beter onderbouwt.

Morele vraag

Het vinden van redelijke argumenten

Morele argumenten

We beschouwen ons morele oordeel als een antwoord op een *morele vraag*. Dit is niet vanzelfsprekend en ook niet altijd eenvoudig, maar het is een hulpmiddel om een proces op gang te krijgen waarin we ons oordeel beter kunnen onderbouwen en uitleggen aan anderen, en waarin we beter kunnen oordelen in situaties die we nog nooit hebben meegemaakt.

Een morele vraag moet een onderzoek op gang brengen dat je verder brengt in het begrijpen van een morele kwestie. Dit lukt alleen als de vraag gaat over waar jij je het meest druk om maakt.

VOORBEELD 1.2

Als een docent in zijn boosheid vloekt in de klas, kun je van oordeel zijn dat dat niet mag. De redenen waarom je dat vindt, kunnen verschillen. Er zijn dus verschillende morele vragen die je hierbij kunt stellen:
- Mag een docent vloeken in de klas?
- Mag je vloeken in de klas?
- Mag een docent zijn boosheid uiten in de klas?

Deze vragen wijzen in verschillende antwoordrichtingen. De eerste vraag wijst in de richting van de specifieke verantwoordelijkheid die een docent heeft voor een klas. De tweede vraag wijst veel meer op de algemene norm dat vloeken in het openbaar niet hoort. En de derde vraag gaat weer over andere zaken, namelijk de verantwoordelijkheid voor het leerproces en de rol van persoonlijke emoties. Misschien vind je wel dat studenten niets te maken hebben met de persoonlijke sores van een docent en dat hij jullie er ook niet mee moet lastigvallen.

Dit is een voorbeeld van een situatie waarover je kunt oordelen 'dat hoort niet'. Maar zoals je kunt lezen kunnen mensen die vinden dat het niet hoort, dit om heel verschillende redenen vinden. Ze hebben hetzelfde standpunt maar om verschillende redenen. Ze zijn het dus niet echt met elkaar eens, al lijkt dat wel zo. Als je aan je desbetreffende docent of medestudenten wilt vertellen wat je vindt, moet je wel weten waar je oordeel eigenlijk over gaat. Om daar achter te komen moet je een morele vraag formuleren waar je intuïtieve oordeel een antwoord op kan zijn. Probeer maar eens. Welke van de drie hiervoor gestelde vragen vind jij het belangrijkst om te beantwoorden? Of vind je moreel niets van de situatie en dus geen van de drie vragen de moeite waard?

Als je hetzelfde oordeel hebt, hoef je nog niet hetzelfde uitgangspunt te delen.

Als je weet welke vraag jij belangrijk vindt, kun je op zoek gaan naar redelijke argumenten om tot een bevredigend antwoord te komen. Je bent dan op zoek naar de redenen waarom je vindt wat je vindt. De verzamelnaam voor morele redenen is 'morele uitgangspunten', die we al bespraken in paragraaf 1.3. In het volgende hoofdstuk gaan we verder in op deze redenen voor een moreel antwoord.

We kunnen nu het denkschema van het boek opstellen:

Schema van het boek

1 Om onze morele competentie te verhogen, moeten we onze morele oordelen beter onderbouwen.
2 Hiertoe formuleren we een morele vraag, waarop ons intuïtief moreel oordeel een antwoord kan zijn.
3 Deze vraag gaan we vervolgens systematisch beantwoorden.
4 In het proces van het systematisch beantwoorden van de vraag komen dan vanzelf de relevante morele argumenten bovendrijven.

REFLECTIEVRAAG

1.10　Herinner je een moment uit je leven waarvan je nu zegt, dat had ik anders moeten doen. Waardoor kwam het dat je over het hoofd zag wat je later wel bent gaan zien? Wat is er bij jou veranderd?

Samenvatting

▶ De wereld en alles wat er is, kunnen we in ons bewustzijn:
- kennen
- ervaren
- beoordelen

▶ Het resultaat van het beoordelen heet een moreel oordeel en heeft de volgende kenmerken. Een moreel oordeel:
- gaat over gedrag van mensen
- is inherent veralgemeniseerbaar
- is normatief
- is gericht op het goede
- roept een specifiek soort emotie op

▶ Morele oordelen genereren bijna automatisch een gesprek. Dit gesprek vindt in gezinnen, in organisaties en in de samenleving plaats en heet het moreel vertoog.

▶ Professionals moeten vaardig zijn in het morele gesprek. Hiervoor zijn twee morele competenties noodzakelijk:
- het stellen van morele vragen
- het geven van morele argumenten

'Wat is je mening?'

Een norm

wordt zelden

uitgesproken.

2

Normen, waarden én … deugden

Aan welke regels hou jij je?
En aan welke niet?
Wat wil je bereiken?
Wat vind je belangrijk?
Wie wil je zijn?
Hoe denk je na over de goede keuzes?

In het eerste hoofdstuk hebben we kennisgemaakt met morele oordelen. We hebben gezien dat morele oordelen, onze moraal, ontstaan in een gesprek dat we een aparte naam gaven: het moreel vertoog. Dit vertoog kan op maatschappelijk niveau plaatsvinden, maar ook in een professie, of in een gezin. Om te functioneren in zo'n vertoog moet je goede redenen vinden voor je oordeel. Wat zijn de morele uitgangspunten waarop jij je morele oordelen baseert? In dit hoofdstuk gaat het over deze morele redenen, de morele uitgangspunten. We onderzoeken drie verschillende soorten morele argumenten, te weten: normen, waarden en deugden. Deze drie bespreken we in de eerste drie paragrafen van dit hoofdstuk. In paragraaf 2.4 en 2.5 vergelijken we deze drie soorten morele argumenten en bespreken we de voor- en nadelen van elk van de drie.

2

⬤2.1 Normen

Morele argumenten

We willen weten wat sterke argumenten zijn om onze morele oordelen te onderbouwen. Laten we als voorbeeld vier uitspraken nemen. In elke uitspraak maakt iemand een keuze op basis van wat hij of zij goed vindt om te doen. Telkens wordt het oordeel onderbouwd met een argument:

- Ik maak die opdracht af, want dat heb ik beloofd en wat je belooft moet je doen.
- Ik neem koffie mee voor mijn collega's, want ik vind dat je dat behoort te doen.
- Ik pik geen koekjes uit de koektrommel, want dan mag ik geen tv-kijken.
- Ik zeg niet dat ik Erik zag spieken tijdens het tentamen, want dat is zijn eigen zaak.

In de eerste zin zeg je heel duidelijk dat je je aan je beloftes moet houden. Je moet je aan de regel houden 'wat je belooft, moet je ook doen'. Ook in het tweede voorbeeld hou je je aan een regel, namelijk de regel dat je koffie mee behoort te brengen voor collega's. Deze twee regels, 'je moet je aan je beloftes houden' en 'je behoort koffie mee te brengen voor je collega's', zijn het argument om de keuze te maken die je maakt. Een argument in de vorm **Norm** van een regel waar je je aan houden moet, noemen we een *norm*. En als het een regel is over hoe mensen met elkaar om moeten gaan, dan is het een *morele norm*. Als je een moreel oordeel onderbouwt met een norm, dan vergelijk je of het gedrag zelf, dat wat je doet, overeenkomt met de regel.

Gedragsregels

Morele normen zijn dus regels aangaande goed samenleven. Deze *gedragsregels* onderscheiden zich van andere regels, zoals verkeersregels, omdat normen regels zijn die we onszelf stellen, terwijl de verkeerswet ons wordt opgelegd. Normen hebben betrekking op de kern van ons mens-zijn. Ze zijn van belang om van onszelf te zeggen dat we een goed leven leiden, terwijl de verkeersregels in dit opzicht niet belangrijk zijn.

Morele norm

> Een morele norm, kortweg norm, is een zelf opgelegde regel die gedrag voorschrijft betreffende goed samenleven.

Veel van deze morele regels leer je van je ouders, op school en in de sociale omgeving waarin je opgroeit. Voorbeelden van morele regels zijn: 'Je mag niet stelen', 'Je mag een ander geen pijn doen', 'Je mag niet liegen', 'Je moet je ouders gehoorzamen' en 'Je moet je beloftes nakomen'. Deze regels zijn fundamenteel voor het leven en het samenleven van mensen. Als je ze niet volgt in je leven, dan lever je een beetje van je mens-zijn in.

Wetten

Normen kunnen geformuleerd worden in de vorm van *wetten*. In Nederland is een aantal morele regels in de wet vastgelegd; op het overtreden ervan staan straffen. In de Grondwet liggen de meest fundamentele morele regels vast, zoals bijvoorbeeld het verbod om te discrimineren. Dit vinden we zo belangrijk, dat het het eerste artikel in de grondwet is. Een ander belangrijk document waarin morele regels voor het handelen te vinden zijn, is de Universele Verklaring van de Rechten van de Mens. Deze verklaring en het eerste **Grondwet** deel van de Nederlandse grondwet zijn als bijlage in dit boek opgenomen. In de Universele Verklaring van de Rechten van de Mens zijn morele regels als rechten geformuleerd om te benadrukken dat ieder mens er aanspraak op kan maken. De Verenigde Naties hebben dit document opgesteld en het is door alle lidstaten ondertekend. Het verschil met de regels in de Nederlandse wetgeving is echter dat op het niet-naleven van de Universele Verklaring van de Rechten van de Mens geen sancties staan. Daarom is het afdwingen van deze rechten veel moeilijker.

Morele regels en wettelijke rechten gezamenlijk zorgen ervoor dat mensen op een redelijke manier kunnen samenleven en dat aan de kwaliteit van het leven een ondergrens wordt gesteld; mensen mogen geen honger lijden, behoren een dak boven hun hoofd te hebben en vrij voor hun mening te kunnen uitkomen, kunnen een aantal jaren onderwijs genieten, krijgen bij werkloosheid een uitkering en kunnen bij ziekte een beroep op de gezondheidszorg doen. Een belangrijk verschil tussen wetten en morele normen is dat wetten expliciet geformuleerd zijn, terwijl morele normen heel vaak impliciet blijven in ons gedrag. Ze worden niet uitgesproken.

Universele Verklaring van de Rechten van de Mens

Goed samenleven

Een norm wordt zelden uitgesproken.

We geven nog twee voorbeelden.
'Ik pik geen koekjes uit de koektrommel, want dan mag ik geen tv-kijken.' In deze zin staat nog geen moreel oordeel. De keuze wordt gemaakt op basis van een belangenafweging. Morele normen die een keuze om geen koekjes te pikken kunnen onderbouwen zijn: 'Je mag niet snoepen', 'Je mag niet buiten theetijd koekjes eten' of 'Je moet je vader en moeder gehoorzamen'. We zien dus dat deze morele keuze door drie verschillende normen onderbouwd kan worden.
Bij de keuze 'Ik maak die opdracht af, want dat heb ik beloofd' kan bijvoorbeeld ook nog de norm van toepassing zijn: 'Je behoort je huiswerk te maken'. Je kunt dus niet aan de buitenkant zien welke norm als argument heeft gediend. Eigenlijk kan alleen degene die gehandeld heeft, zeggen welke norm voor hem of haar de doorslag heeft gegeven.

REFLECTIEVRAAG
2.1   Formuleer twee morele regels waaraan jij je wilt houden in dit leven.
       Let op: een goede norm schrijft concreet gedrag voor (of verbiedt het).

2.2 **Waarden**

In de vorige paragraaf stond het begrip 'norm' centraal. Als we een moreel oordeel onderbouwen met een norm, dan vergelijken we ons gedrag met wat de norm voorschrijft. Je kunt echter ook een oordeel onderbouwen door te verwijzen naar de gevolgen van een handeling.

Om de *gevolgen* van een handeling moreel te beoordelen, gebruiken we *waarden*. We vergelijken de gevolgen van ons gedrag met een vooropgesteld doel dat we willen realiseren. Zo'n doel noemen we een waarde. We kijken opnieuw naar de voorbeelden uit de vorige paragraaf en onderbouwen de

Waarden

keuzes nu niet met normen, maar met waarden. Je kunt bijvoorbeeld koffie meenemen voor je collega's omdat je collegialiteit belangrijk vindt. Je kunt ervoor kiezen een opdracht af te maken, hoewel je liever tv-kijkt, omdat je betrouwbaarheid belangrijk vindt (je hebt het beloofd). Collegialiteit en betrouwbaarheid functioneren hier als morele waarden. Het zijn op zichzelf nastrevenswaardige zaken die je probeert te realiseren in je gedrag.

Morele waarde | Een morele waarde is een ideaal, een principe betreffende goed samenleven dat we proberen te realiseren door middel van ons gedrag.

Zo'n ideaal of principe proberen we altijd in één woord te omschrijven. Dit kan soms moeilijk zijn, maar het idee erachter is dat als de waarde werkelijk belangrijk is, dat het woord ervoor dan ook bestaat. Voorbeelden van waarden zijn het bekende 'liberté, égalité, fraternité' (vrijheid, gelijkheid, broederschap) uit de Franse revolutie. Maar ook gezondheid, vrijheid, rechtvaardigheid, solidariteit of gelijkheid zijn belangrijke idealen in de moderne samenleving.

Waarden zijn hoerawoorden. Iedereen is er voor.

Iedereen streeft waarden na in zijn of haar leven. Het geheel van die waarden vormt dan een omschrijving van wat die persoon 'goed samenleven' acht. Hierin kunnen waarden als gezondheid, vrijheid en eigendom worden genoemd, maar ook rechtvaardigheid, solidariteit of gelijkwaardigheid.
Het verschil tussen normen, uit de vorige paragraaf, en waarden kan als
Idealen volgt worden omschreven: Waarden zijn abstracte *idealen* of doelen die men door middel van bepaald gedrag nastreeft; het is datgene wat men uiteindelijk beoogt te bereiken. Normen daarentegen zijn concrete regels die als praktische richtlijn voor het handelen functioneren.

VOORBEELD 2.1
Een docent ethiek is een tentamen met open vragen aan het nakijken. Hij beoordeelt van alle tentamens een vraag en gaat dan over naar de volgende vraag. Door zo te werken beoordeelt hij alle studenten gelijk. Hij heeft twee uur per vraag nodig en het is nu 10 uur 's avonds. Als hij nu aan de laatste vraag begint, krijgt hij die niet meer af vanavond want hij wil niet na 11 uur 's avonds werken. Maar als hij morgenvroeg verdergaat, beoordeelt hij de studenten niet gelijk – en gelijke beoordeling vindt hij erg belangrijk, Echter, morgen is de vijfde werkdag na het tentamen. Als hij nu niet alles nakijkt, heeft hij het tentamen niet binnen een week nagekeken en hij vindt dat een tentamen toch wel binnen vijf werkdagen terug mag zijn bij de studenten. En dat is ook de regel op de afdeling. Deze docent moet kiezen tussen gelijke behandeling van de studenten en het op tijd nakijken van de tentamens. Dit zijn twee waarden die hij beide wil realiseren maar die elkaar uitsluiten. Hij moet kiezen. Wat is de morele vraag die de docent moet beantwoorden om 10 uur 's avonds?

2.3 Deugden

NORMEN, WAARDEN ÉN... DEUGDEN

We hebben tot nu toe gedrag beoordeeld door de handeling zelf te vergelijken met normen en door de gevolgen van de handeling te vergelijken met waarden. Aan iedere handeling liggen echter ook bedoelingen van de persoon ten grondslag. We kunnen een moreel oordeel ook onderbouwen door te verwijzen naar deze bedoelingen. Let wel, het gaat dus niet over het doel van een handeling, dat is immers een waarde, maar over de neiging van een persoon om altijd in zo'n situatie zo te handelen. Je hebt het dan over een karaktereigenschap van iemand. Karaktereigenschappen betreffende goed samenleven noemen we deugden. En als je een moreel oordeel geeft over gedrag aan de hand van de bedoelingen, dan beoordeel je met behulp van deugden. Een deugd is een goede karaktereigenschap van mensen, die hun gedrag stuurt.

> Een deugd is een goede karaktereigenschap betreffende goed samenleven.

Deugd

Als je gedrag aan de hand van deugden beoordeelt, doe je niet zozeer een uitspraak over een incidentele handeling als wel over de persoon en diens houding. Deze houding is veeleer af te lezen uit een reeks van handelingen die verwijzen naar een bepaalde kwaliteit van die persoon. Als je aan de hand van deugden beoordeelt, ga je na wat voor mens je wilt zijn. Wil je iemand zijn die boven alles gehoorzaam is? Wil je iemand zijn die zijn afspraken nakomt of iemand die attent is? Gehoorzaamheid, betrouwbaarheid en betrokkenheid zijn drie voorbeelden van deugden die bij de voorbeeldzinnen uit paragraaf 2.1 horen. Het zijn uitspraken over de persoon, karaktereigenschappen van iemand.

Houding

We lijken op onze ouders.

**Karakter-
eigenschappen**

Nu denken we bij het woord karakter misschien aan de aangeboren hebbelijk-
heden die iedereen wel heeft. Maar als we het over deugden hebben, bedoelen we expliciet aan te leren, te ontwikkelen karaktereigenschappen. Dit kan
ook niet anders, want moraal gaat altijd over vrije keuzes van mensen en aangeboren eigenschappen sluiten een vrije keuze uit. Deugden kun je ontwikkelen door te oefenen, door te doen. Meestal leren we deugden door mensen die
belangrijk voor ons zijn, na te doen. We lijken op onze ouders, heet het dan.

REFLECTIEVRAAG

2.2 Welke goede karaktereigenschap heb jij met je familie gemeen? Vraag
dit eens aan een goede vriend die meerdere mensen van je gezin
kent. Beschrijf ook goede karaktereigenschappen van die familie.

Als we nu naar de voorbeeldzinnen aan het begin van het hoofdstuk kijken,
dan kunnen we ze herschrijven met steeds een norm, waarde en deugd als
argument (zie figuur 2.1).

FIGUUR 2.1 Plichten en deugden als argumenten

Gedragskeuze	Norm als argument	Waarde als argument	Deugd als argument
Ik maak die op-dracht af, want ...	je moet je aan je afspra-ken houden.	dat draagt bij aan het ver-trouwen dat mensen in me hebben. (waarde: betrouwbaarheid)	ik wil betrouwbaar zijn. (deugd: betrouwbaarheid)
Ik neem koffie mee voor mijn collega's, want ...	je behoort koffie voor elkaar mee te brengen.	dat draagt bij aan de collegialiteit. (waarde: collegialiteit)	ik wil attent zijn. (deugd: hulpvaardigheid)
Ik pik geen koekjes uit de koektrommel, want ...	je mag geen koekjes pikken.	dan wordt mama niet boos. (waarde: zorgzaamheid)	ik wil gehoorzaam zijn. (deugd: gehoorzaamheid)
Ik zeg niet dat ik Erik zag spieken tijdens het tenta-men, want ...	je moet je niet met ander-mans zaken bemoeien.	ik wil hem graag helpen. (waarde: hulpvaardigheid)	ik wil geen bemoeial zijn. (deugd: bescheidenheid)

2.4 Ethische theorieën

We hebben gezien dat de morele uitgangspunten normen, waarden en deugden verschillende *soorten* argumenten zijn. Deze verschillende soorten argumenten verschillen zo veel van elkaar, dat ze elk hun eigen manier van denken voortbrengen. We willen deze eigen wijzen van redeneren hier met elkaar
vergelijken en kijken hoe ze zijn te combineren.

Mensen kunnen de vraag 'Wat is goed handelen?' heel verschillend benaderen. Deze verschillende benaderingen hebben elk hun eigen denksysteem

met vaststaande uitgangspunten en vaste denkpatronen. Binnen zo'n systeem kun je je ervaringen verklaren en kom je niet vaak een tegenstrijdigheid tegen. In de psychologie noemt men zo'n systeem van benaderen van een stukje werkelijkheid een *interne theorie*. Uit de psychologie kunnen we leren dat interne theorieën de neiging hebben de werkelijkheid te monopoliseren. Een interne theorie drukt andere mogelijke interpretaties weg, verklaart ze als onnozel of overbodig.

Interne theorie

Voorbeelden van interne theorieën zijn de overtuiging dat je altijd en overal tegen iedereen vriendelijk moet zijn, of de overtuiging dat iedereen altijd op eigenbelang uit is. Als mensen zulke overtuigingen hebben, zijn ze daar vaak moeilijk van af te brengen. Politieke partijen hebben ook vaak een eigen interne theorie.

Al deze kenmerken van interne theorieën gelden ook voor de drie vormen van moreel redeneren die we kennen. In de ethiek noemen we zo'n denksysteem een ethische theorie.

Ethische theorie

Morele vragen kun je met drie verschillende ethische theorieën benaderen:
- Je kunt de vraag 'Wat is goed handelen?' benaderen met de interne theorie dat mensen zich aan regels moeten houden. Dat dit belangrijk is voor een goede samenleving. Als dit je ethische theorie is, gebruik je alleen normen als morele argumenten. Deze interne theorie noemen we *plichtethiek* omdat normen ons verplichten.

Plichtethiek

- Je kunt de vraag 'Wat is goed handelen?' ook benaderen met de ethische theorie dat het erom gaat dat je gedrag goede gevolgen moet hebben. Je gebruikt dan alleen waarden als morele argumenten. Deze ethische theorie noemen we *gevolgenethiek* omdat je de waarden probeert te realiseren met de gevolgen van je handelen.

Gevolgenethiek

- Je kunt de ethische theorie hebben dat je een goed mens moet zijn en dat je gedrag uit goede bedoelingen moet voortkomen. Je benadert de vraag 'Wat is goed handelen?' met deugden als morele argumenten. Deze ethische theorie noemen we *deugdethiek*.

Deugdethiek

De verschillende ethische theorieën komen vaak tot verschillende morele conclusies in een concreet geval. Omdat mensen maar al te vaak slechts één theorie gebruiken als ze een moreel oordeel onderbouwen, beperkt dit hun vermogen tot het geven van argumenten en zo hun vermogen tot het bespreken en uitleggen van hun morele keuze. Een hoop ellende is het gevolg. Dit lichten we toe in het volgende voorbeeld.

VOORBEELD 2.2
Student Marjet werkt hard om rond te komen. Drie avonden in de week staat ze in de keuken in een eetcafé. Dit betekent dat ze soms pas om drie uur 's nachts in haar bed ligt. Overdag volgt ze colleges, maar bij de meeste vakken is het niet verplicht om aanwezig te zijn. Daarnaast heeft ze ook projectwerk met medestudenten. In de projectgroep hebben ze de afspraak dat iedere student één keer een bijeenkomst mag verzuimen. De projectbijeenkomsten zijn om 9.00 uur 's morgens. Omdat Marjet al een keer niet is geweest, mag ze geen bijeenkomst meer missen. Toch verslaapt ze zich nog een keer en loopt daarmee het risico niet alleen het vak niet te halen, maar ook haar beurs te verspelen. Die morgen gaat ze om 10.15 uur naar school om zich bij haar themagroep te melden. Daar vertelt ze dat ze rugklachten heeft en juist van de dokter komt. Haar klasgenoten informeren bezorgd naar de situatie en de docent ziet dit tweede verzuim door de vingers.

2

Heeft Marjet er goed aan gedaan om met de leugen aan te komen? Mocht zij liegen tegen haar klasgenoten met wie ze samenwerkt? Laten we deze vraag vanuit de drie ethische theorieën bekijken.

Vanuit plichtethisch standpunt bezien is de keuze in strijd met de norm 'je mag niet liegen'. Ze mag dit dus niet doen. Dat ze liegt om het vak te halen en de opleiding te volbrengen is niet relevant voor het morele oordeel vanuit plichtethisch standpunt. Volgens de gevolgenethiek maakt dit juist wel een verschil. Daar zijn juist deze twee doelen sterke argumenten. Volgens de plichtethiek handelt ze moreel gezien niet juist, volgens de gevolgenethiek misschien nog wel.

En hoe zit het met de deugdethiek? Welnu, je kunt de inzet van Marjet om zo hard te werken en ook haar durf om te liegen om toch nog te proberen het vak te halen, positief waarderen. Inzet en durf zijn twee deugden. Anderzijds kun je kritiek hebben op haar gebrek aan verantwoordelijkheidsgevoel, want zo'n baantje aannemen is vragen om dit soort problemen. Afhankelijk van of je inzet en durf belangrijk vindt of dat je verantwoordelijkheidsgevoel belangrijk vindt, zul je Marjet haar keuze positief of negatief beoordelen.

Belangen als interne theorie

Er zijn ook mensen die er een interne theorie op nahouden dat alle gedrag door belangen wordt gestuurd. Dat iedere keuze van iemand door belangen verklaard kan worden en dat een handeling goed is als hij het eigenbelang bevordert. Sommige voetbalverslaggevers bijvoorbeeld, kunnen dit goed. Als er een onterechte penalty wordt toegekend, zeggen ze: 'Dat heeft hij slim versierd.' En over het neerhalen van een doorgebroken speler zegt men: 'Dat moest hij doen in het belang van het team.' Doordat het een interne theorie is dat alleen het belang van het winnen telt, houdt men eraan vast als er iets tegen ingebracht wordt. Als je bijvoorbeeld zegt dat een tackle van achteren niet eerlijk is, komt er een uitleg waarom de wereld toch zo gezien moet worden. 'Dat doet iedereen', 'Dat zullen ze ook bij hem doen' of 'Dat hoort bij het spel', wordt er dan gezegd. Dit is kenmerkend voor een interne theorie; je blijft eraan vasthouden, ook al zijn je argumenten zwak.

Dat deze interne theorie geen ethische theorie is, blijkt als ze zelf slachtoffer zijn van oneerlijk gedrag. Dan is het plotseling schandalig wat die tegenstander doet. De interne theorie van belangen voldoet dus niet aan het universaliteitsprincipe. Het is niet veralgemeniseerbaar!

We zien dat de ethische theorieën verschillende kanten van het probleem belichten en verschillende conclusies opleveren. Om tot een evenwichtig en verdedigbaar moreel standpunt te kunnen komen, moet je verschillende soorten argumenten leren gebruiken, dus de verschillende theorieën toepassen. In de volgende paragraaf kijken we hoe dat werkt in de praktijk van het ethisch denken.

REFLECTIEVRAAG

2.3   Hoe kijk jij naar de wereld? Wat is jouw interne theorie?

Televisiemoraal

In de tv-serie '24' speelt Kiefer Sutherland de meedogenloze FBI-agent Jack Bauer die in zijn streven belangrijke en nobele opdrachten te vervullen, menig morele regel overtreedt. Zolang het doel maar belangrijk genoeg is, gaan Jack heel weinig middelen te ver. Zo is op een gegeven moment het doel de atoombom te vinden die terroristen in Los Angeles tot ontploffing willen brengen. Beslist een bijzonder urgent en wezenlijk doel. En wat doet Jack eraan? Hij doodt een terrorist die hij aan het ondervragen is. Het doel – de bomexplosie voorkomen – is naar Jacks oordeel belangrijk genoeg om deze radicale middelen te rechtvaardigen. In zijn gevolgenethiek is Bauer heel consequent. Hij martelt niet alleen terreurver-dachten als hij dat nodig acht, maar óók zijn collega's of hun naaste familieleden als hij ze van banden met terroristen verdenkt. Zonder wroeging martelt hij anderen en laat hij zijn eigen leven door zijn meerderen op het spel zetten. Het doel heiligt alle middelen.

Ondanks dat blijft Bauer een 'warm mens', verscheurd door de normale emotionele dilemma's van 'gewone' mensen. Hij houdt van zijn vrouw en kinderen, is jaloers et cetera. Die combinatie is moreel alleen te begrijpen als we een onderscheid maken tussen een beoordeling aan de hand van waarden, en een beoordeling aan de hand van deugden.

⬛2.5 Gevoelig denken

Er zijn dus drie manieren van denken over morele argumenten, maar hoe werkt het nu in de praktijk? Hoe moet je de drie theorieën gebruiken en combineren als je morele problemen aanpakt? In deze paragraaf bespreken we de sterke en zwakke kant van elke theorie. In figuur 2.2 geven we een overzicht van de drie theorieën. In de derde kolom tref je de werkwijze van elke theorie aan en in de vierde kolom het gevolg als je je te veel beperkt tot één theorie, tot één manier van denken.

FIGUUR 2.2 Drie ethische theorieën

Ethische theorie	Uitgangspunt	Werkwijze	Valkuil
Plichtethiek bekijkt de handeling	Moraal is een kwestie van morele regels opvolgen	Bepaal welke norm het belangrijkst is	Bevel is bevel
Gevolgenethiek bekijkt de gevolgen van de handeling	Moraal is een kwestie van idealen realiseren	Bepaal welk gedrag het meeste bijdraagt aan het realiseren van je ideaal	Het doel heiligt de middelen
Deugdethiek bekijkt de bedoeling van je gedrag	Moraal is een kwestie van een goed mens willen zijn	Kijk in de spiegel en bedenk wie je wilt zijn	Ik bedoelde het goed

Plichtethisch redeneren raakt de kern van de moraal. Het centrale punt van moraal is dat het ons verplicht. Weliswaar twijfelen we vaak wat we zullen doen. Maar die twijfel is geen onbeslisbaarheid, zoals een computerprogramma dat kan wachten op input. Nee, morele twijfel, een dilemma, is een situatie waarin je graag het goede wilt doen, een goed mens wilt zijn, maar niet weet welk gedrag het meest moreel is. De twijfel begint dus met de intentie, de wil om moreel verantwoord gedrag te vertonen. Deze wil is er altijd en dat is een soort van plicht die wij onszelf opleggen. We willen moreel zijn. Dit betekent niet dat we de hele dag door engelen zijn. Het betekent alleen dat we snappen wat het betekent om een moreel probleem te hebben. Deze eigenschap van plichtethisch denken brengt met zich mee dat concrete normen vaak sterke argumenten zijn voor degene die ze inbrengt. Je bent er stellig van overtuigd dat het hoort zoals de norm voorschrijft. Probleem is dat voor een ander diezelfde norm niet zo zwaar hoeft te wegen. Met andere woorden: met normen kun je heel goed jezelf, maar veel moeilijker anderen overtuigen.

Overtuigen

Bij gevolgenethiek ligt dit andersom. Hiermee kun je juist beter anderen overtuigen. Dit zit als volgt. Als je een ander wilt overtuigen van je morele gelijk, dan gebruik je per definitie argumenten. Echter, waarden zijn veel beter in de vorm van een argument te gieten dan normen. Normen zijn als het ware geen argumenten, maar een morele conclusie in een keer. Ze hebben immers de vorm 'je behoort ...'. En dat is precies de vraag die je probeert op te lossen: wat behoor ik te doen? Als een ander je verplichtende 'je behoort ...' niet inziet, kortom je norm niet deelt, dan heeft het ook geen zin nog te argumenteren. Dan heb je alleen nog je morele verontwaardiging, je emotie, waarmee je een ander over de streep kunt trekken. Je gaat dan met meer stemverheffing spreken en vaker de gebiedende wijs gebruiken. Waarden hebben dit probleem niet. Omdat het idealen zijn, laten ze zich in de vorm van een doel-middelargumentatie gieten. Daar komt nog bij dat waarden veel algemener van aard zijn. Het zijn immers idealen of principes waar eigenlijk iedereen wel voor is. Een waarde is vaak een sterk argument voor een ander. Verkopers weten dit vaak heel goed. Zo kun je een verkoper van beveiligingsapparatuur horen zeggen tegen een ongeïnteresseerde klant: 'Vindt u uw eigen veiligheid dan niet belangrijk?'

Doel-middel-argumentatie

Met normen overtuig je jezelf, met waarden overtuig je een ander.

De deugden ten slotte, zijn geschikt om een persoon te waarderen, maar geven vaak geen concrete aanwijzingen voor gedrag. Van Marjet kun je zeggen dat ze wel lef heeft en geen verantwoordelijkheidsgevoel, maar dan weet je nog niet of ze mag liegen of niet. Met deugden beoordelen we de persoon, en niet zijn of haar gedrag. Een voorbeeld is de deugd *inzet* bij studenten. Iedereen kent het verschijnsel van de goedwillende, hardwerkende student die niet afgekraakt wordt in project- en themagroepen, zelfs als de prestaties onvoldoende zijn. Zo iemand wordt vaak geholpen. Terwijl andersom de slimme student die er zich gemakkelijk van afmaakt op een flinke portie kritiek kan rekenen. De deugd inzet weegt vaak heel zwaar in onze beoordeling van mensen. Andersom geldt dit ook. Als je met goede bedoelingen een verkeerde keuze maakt, kun je je excuses aanbieden. Als je vanuit verkeerde bedoelingen handelt, is dit veel moeilijker. Een slecht karakter wordt iemand zwaar aangerekend. Dit benadrukt het belang van deugdethiek.

Goede bedoelingen

Hetzelfde woord in de drie theorieën

We maken de zaak nog een stapje complexer (moeilijker). Het is duidelijk
geworden dat normen, waarden en deugden geheel verschillende zaken zijn.
Onze taal schiet echter vaak tekort om het verschil aan te duiden. Neem bijvoorbeeld het morele uitgangspunt *eerlijkheid*. Dat kan een argument zijn in
de vorm van een norm, bijvoorbeeld in de vorm 'Je mag niet liegen' of 'Je
behoort eerlijk te zijn tegen vrienden'. Eerlijkheid kan echter ook verschijnen
in de vorm van een waarde. Het is dan iets dat je probeert te bereiken, bijvoorbeeld als je de startpositie bij een atletiekwedstrijd door loting bepaalt,
of als je in de koektrommel allemaal dezelfde koekjes doet voordat je ermee rondgaat. Om de verwarring compleet te maken kan het woord eerlijkheid ook een deugd betekenen. 'Hij is een eerlijk persoon' zeggen we van
iemand die zijn best doet oprecht te zijn, maar daar niet altijd in slaagt.

Gebruik nooit deugden om een ander te beoordelen.

Zo kan hetzelfde woord geheel verschillende dingen betekenen. We hebben
gezien dat het een groot verschil maakt of je een waarde, een norm of een
deugd als argument gebruikt. Voorbeeld 2.3 maakt duidelijk dat moreel rede-
neren een *gevoelig denken* noodzakelijk maakt. Hiermee wordt bedoeld dat je   **Gevoelig denken**
je inspant om de precieze betekenis te achterhalen van de woorden die zijn
gebruikt. Natuurlijk bij een ander, maar vooral ook bij jezelf. In een moreel gesprek dien je jezelf doorlopend af te vragen: 'Wat bedoel ik precies te zeggen? Wat is de werkelijke reden voor mijn overtuiging? Leg ik mezelf de norm
op eerlijk te zijn? Wil ik eerlijkheid realiseren? Of wil ik een eerlijk mens zijn?'
Aan de hand van een voorbeeld verduidelijken we dit gevoelig denken.

VOORBEELD 2.3
Een bouwbedrijf heeft in de gedragscode staan dat relatiegeschenken boven
de €50 teruggegeven moeten worden. Harrie, projectmanager bij dit bedrijf,
rondt een heel groot bouwproject ter waarde van tientallen miljoenen euro's
af met een feestelijke opening. Het project heeft anderhalf jaar geduurd en
er waren 26 onderaannemers bij betrokken. Met sommigen hiervan heeft hij
intensief samengewerkt. Met het installatiebedrijf bijvoorbeeld heeft hij samen een heel weekend doorgerekend om uit te zoeken of er voldoende
ruimte was om alle computerkabels aan te leggen door goten in de funde-
ring van het gebouw. Die maandag werd begonnen met beton storten, dus
het moest voor die tijd helder zijn want daarna konden de goten niet meer
aangepast worden.
Het openingsfeest zelf kost €6.000. Na afloop krijgt hij van het installatiebedrijf een fles Ierse whisky van zijn favoriete merk waarvan hij heel precies
weet dat die €113,95 kost. Mag hij dit accepteren? De norm in het bedrijf is
duidelijk. Maar Harrie vindt dit een onnozele norm. Sommige geschenken van
een tientje weigert hij nog. Terwijl in het licht van de persoonlijke inzet en in-
tensieve samenwerking die het grote project met zich mee heeft gebracht, hij
dit geschenk eigenlijk heel passend vindt. Als je zijn overuren zou optellen,
kom je op tienduizenden euro's uit. Men waardeert zijn persoonlijke inzet.

2

Toch twijfelt Harrie of hij de fles whisky moet accepteren. Hij vindt dat het moet kunnen, maar hij weet ook dat er een regel is die het verbiedt. Maar die regel zelf vindt hij weer onzinnig. Een beetje gefrustreerd, waarom weet hij ook niet, mompelt hij tegen de vertegenwoordiger van het installatiebedrijf dat er een regel is binnen het bedrijf dat hij dit niet mag accepteren. De vertegenwoordiger van het installatiebedrijf is verbaasd en teleurgesteld. Harrie nam in het project beslissingen over bedragen van tienduizenden euro's en nu verschuilt hij zich achter een regeltje als het over €100 gaat. De vertegenwoordiger twijfelt of Harrie oprecht is en voelt zich beledigd. Onderweg naar huis overdenkt Harrie de zaak. Hij vraagt zich af waarom hij het enerzijds onnozel vindt om dat cadeau in die situatie te weigeren, maar het anderzijds toch doet. Durft hij soms niet? Waar zit voor Harrie de morele pijn?

Muggenziften of gevoelig denken?
Harrie probeert met een gevolgenethiek een beslissing te nemen. Hij schat in dat het accepteren van de fles whisky geen slechte gevolgen zal hebben. Hij blijft immers een betrouwbaar, integer medewerker. En betrouwbaarheid en integriteit zijn de waarden die op het spel staan met relatiegeschenken. Dat snapt hij ook wel. Dus gevolgenethisch mag hij dit best accepteren. Ook de plichtethiek lijkt Harrie niet verder te helpen. De regel dat je geen geschenken mag accepteren vindt hij helemaal geen sterk argument. Sterker nog, hij vindt het onzin.
Er is echter een andere norm die voor Harrie de doorslag geeft. Hij wil zich aan een afspraak in het bedrijf houden, ook al leidt die afspraak in deze situatie tot niet zo'n goede beslissing. Hij vindt het belangrijk dat hij zich aan afspraken met collega's en leidinggevenden houdt.
Het argument dat voor Harrie overtuigend is, is dus de norm: je moet je aan de regels houden van je bedrijf. Dát is voor hem de reden om te zeggen: 'Nee, dank je.' Als hij dit eenmaal bij zichzelf heeft uitgevonden, kan hij het ook beter uitleggen. Die avond belt hij zijn relatie op om het er nog eens over te hebben. Hij kan nu ook uitleggen waarom hij de fles teruggaf en het wordt niet langer als een belediging opgevat, maar als een weloverwogen keuze die gerespecteerd wordt.

REFLECTIEVRAAG
2.4   Durf jij te zeggen: 'dat vind ik niet goed om te doen'?

Samenvatting

► Er zijn drie soorten morele argumenten:
- Normen, schrijven specifiek gedrag voor.
- Waarden, beschrijven welke gevolgen belangrijk zijn.
- Deugden, beschrijven wat voor mens je moet zijn.

► Deze drie soorten argumenten brengen elk hun eigen ethische theorie met zich mee:
- Een plichtethiek kijkt welke regels je moet opvolgen.
- Een gevolgenethiek beschrijft welke idealen het belangrijkst zijn.
- Een deugdethiek beschrijft wat voor mens je moet zijn.

► Voor het toepassen van de drie theorieën is een gevoelig denken nodig.

'Hoe denk jij na?'

Verantwoorde-

lijkheid neem

je individueel

op je en leg

je collectief af.

3
Verantwoordelijkheid

Wat moet je doen?
Waar word je op aangesproken?
Wie rekent op jou?
Kies jij?
Of heb je excuses?

In het vorige hoofdstuk hebben we omschreven wat morele uitgangspunten zijn. Dit hoofdstuk gaat over een heel belangrijk moreel uitgangspunt, namelijk verantwoordelijkheid. We bespreken eerst wat het betekent om verantwoordelijkheid te zijn. Vervolgens onderscheiden we drie verschillende vormen van verantwoordelijkheid: taak, deugd en aansprakelijkheid. Deze vormen zijn van belang voor de analyse van wat iemands verantwoordelijkheid precies inhoudt. Soms zijn mensen niet verantwoordelijk voor hun gedrag. De omstandigheden die iemand vrijpleiten, bekijken we daarom ook.

3.1 Hoe organiseer je morele beslissingen?

VERANTWOORDELIJKHEID IS OVERAL

In de eerste twee hoofdstukken bespraken we morele keuzes en de argumenten die je kunt gebruiken. In dit hoofdstuk voegen we daaraan toe dat je in je dagelijks leven een morele keuze vooraf aan ziet komen en daarop anticipeert. Je weet dat je projectgroepleden het niet waarderen als je te laat komt op de bijeenkomst en dus zorg je dat je de trein niet mist. Je neemt je verantwoordelijkheid, heet het dan. In deze paragraaf onderzoeken we de betekenis van het begrip verantwoordelijkheid. Aan de hand van een voorbeeld verduidelijken we de essentiële onderdelen van dit begrip.

VOORBEELD 3.1

Hanna, 22 jaar en student communicatie, is blut. De vakantie komt eraan en ze wil met vriendinnen op stedentrip naar Napels. Ze besluit een baantje te nemen en gaat pizza's bezorgen voor La Stalla, een plaatselijke pizzeria. Hanna's werk als pizzabezorger houdt in dat ze bestelde pizza's snel bij de klant brengt, maar ook dat ze de pizza's keurig in de doos bezorgt. Dat ze vriendelijk de doos afgeeft, oplet of er heet vocht uit de doos loopt, de mensen vriendelijk smakelijk eten wenst en nog veel meer. Kortom, Hanna is verantwoordelijk voor een goede bezorging van de pizza's, wat heel veel verschillende dingen kan betekenen. Als op een gegeven moment een brug opengaat waarvan Hanna weet dat die altijd lang open blijft, overweegt ze of ze een snellere route over een andere brug zal nemen om de pizza's toch nog snel te bezorgen. Een ervaren pizzakoerier weet, in de spits neem je andere routes dan 's avonds laat.

Maar het kan ook gebeuren dat Hanna brommerpech krijgt. Een omstandigheid waar ze niet zoveel aan kan doen, aangenomen dat zij de brommer goed behandelt. Haar verantwoordelijkheid voor het bezorgen van de pizza's verdwijnt dan. Dat kan iedereen overkomen, zeggen we dan. Het kan ook zijn dat Hanna onderweg een paar vriendinnen ziet en blijft hangen om wat te kletsen. Ze komt dan te laat bij de klant. In dit geval is haar verantwoordelijkheid voor het juist bezorgen van de pizza's niet afgenomen. Ze had door kunnen rijden maar heeft ervoor gekozen om te blijven kletsen. En ze wordt erop aangesproken door haar baas.

Het kan ook gebeuren dat Hanna betrokken is bij een aanrijding en dat ze een gewonde fietser helpt totdat een ambulance is gearriveerd. Ook dan komt ze te laat bij de klant. De pizza's zijn half koud. In dit laatste geval is haar verantwoordelijkheid voor falende bezorging minder groot. Hoewel ze te laat is, heeft Hanna zich wel verantwoordelijk gedragen. Het was namelijk ook haar verantwoordelijkheid om de gewonde fietser te helpen. Ja toch?

In dit voorbeeld wordt duidelijk dat Hanna heel veel moet. Ze heeft veel verantwoordelijkheden tegelijk. Ze moet bijvoorbeeld:
- elke maand uitkomen met haar studiebeurs
- voor vakantiegeld zorgen
- op tijd op haar werk zijn
- het riempje van haar helm vastmaken
- pizzadozen niet op de kop houden
- correct wisselgeld teruggeven
- beleefd zijn tegen de klanten
- op haar eigen veiligheid letten in sommige wijken 's avonds
- …

Hanna moet heel veel en het heeft allemaal met elkaar te maken. Als ze ervoor kiest om met de vriendinnen op vakantie te gaan, dan moet ze een baantje nemen. Als ze dit baantje heeft, dan moet ze dit baantje goed doen. Als ze dit baantje goed wil doen, dan moet ze vriendelijk blijven tegen de klanten, ook als het moeilijk wordt. Als ze de klanten tevreden wilt houden moet ze kiezen welke route ze neemt tijdens het bezorgen. Als ze betrokken is bij een ongeluk moet ze misschien wel hulp verlenen. Et cetera.

Dit zijn allemaal zaken die Hanna voor haar rekening moet nemen. Ze moet er vooraf zorg voor dragen, en ze moet er achteraf rekenschap over afleggen. Dit 'zorg dragen voor' en 'rekenschap afleggen over' wordt beide aangeduid met het begrip verantwoordelijkheid, maar het zijn totaal verschillende processen. Vooraf moet Hanna in haar eentje afwegen wat ze doet, welke keuzes ze maakt. Dat is een individueel proces. Het verantwoorden achteraf is juist een gesprek met anderen. Dit kunnen haar vriendinnen zijn waarmee ze afgesproken heeft op vakantie te gaan, of haar collega's, dit kan ook haar baas zijn. Het gesprek over de moraal is een voorbeeld van wat we in hoofdstuk 1 het maatschappelijk vertoog over de moraal noemden.

Zorg dragen

We komen hiermee op het belangrijkste onderscheid bij het woord verantwoordelijkheid. Verantwoordelijkheid betekent:
- de plicht te zorgen voor iets of iemand (vooraf)
- de plicht rekenschap af te leggen (achteraf)

We maken dus een onderscheid tussen Hanna's keuze vooraf dat iets tot haar verantwoordelijkheden behoort en het achteraf verantwoorden tegenover anderen. *Vooraf* weet Hanna wat haar verantwoordelijkheid is. Het is

Taken en plichten

Rekenschap afleggen

haar werk, dus acht ze het haar taak, haar plicht om de pizza's goed te bezorgen. Maar pas *achteraf* kan ze daarop aangesproken worden. Ze wordt dan ter verantwoording geroepen door haar baas. Daar komt het woord verantwoordelijkheid ook vandaan. Het betekent: in staat of bereid te antwoorden. Achteraf kan worden bepaald of iemand zich in het verleden verantwoordelijk heeft gedragen. Maar vooraf oordeelt Hanna zelf natuurlijk al en handelt zij daarnaar. Vooruitkijkend gaat het om de vraag hoe iemand zijn of haar taak opvat en daarnaar handelt. Verantwoordelijkheid is een morele keuze uitgespreid in de tijd. Het is je vermogen je keuzes te organiseren in de tijd en in interactie met anderen.

Verantwoordelijkheid neem je individueel op je en leg je collectief af.

Vertaald naar dit voorbeeld betekent dit dat Hanna na de aanrijding met de fietser moet kiezen wat ze doet: bij de fietser blijven of zo snel mogelijk gegevens uitwisselen en weer op de brommer stappen. Hanna moet de situatie inschatten, vooruit kijken, alles wegen en een beslissing nemen. Dat is vooraf. Vervolgens kan ze op het werk erover napraten en evalueren of ze het goed gedaan heeft, achteraf. Ook dat is een aspect van verantwoordelijkheid.

- -

Maatschappelijk Verantwoord Ondernemen

Bedrijven en organisaties hebben ook verantwoordelijkheden. Wat de samenleving tot de verantwoordelijkheden van bedrijven rekent, is het afgelopen decennium sterk veranderd. Twintig jaar geleden was de maatschappelijke moraal dat de verantwoordelijkheid van een bedrijf zich vooraf beperkte tot de winst- en verliescijfers en het uitgekeerde dividend. De verantwoordelijkheid achteraf uitte zich in een productaansprakelijkheid voor de directe gevolgen van de producten. Er is een maatschappelijk vertoog gaande over maatschappelijke verantwoordelijkheid van organisaties.

In dit vertoog is de maatschappelijke moraal veranderd. Vandaag de dag is de moraal dat een bedrijf voor veel meer moet zorgen, namelijk Maatschappelijk Verantwoord Ondernemen (MVO). Bedrijven zijn altijd al aansprakelijk geweest voor de gevolgen van hun gedrag. Wat er nieuw is in het MVO is dat de verantwoordelijkheid vooraf voor iets of iemand te zorgen, is uitgebreid naar andere domeinen dan de financiële resultaten alleen. Dit wordt weergegeven in het people-planet-profit-concept.

- -

In deze paragraaf ging het over het proces van verantwoordelijkheid op je nemen en aan anderen afleggen. We gaan nu een stap verder en kijken naar de inhoudelijke redenen waarom iemand wel of niet een verantwoordelijkheid heeft.

3.2 Waar komt verantwoordelijkheid vandaan?

Waar komen verantwoordelijkheden vandaan? Wanneer ben je ergens verantwoordelijk voor en wanneer niet? Sommige verantwoordelijkheden zijn
geregeld in de wet. Verantwoordelijkheden die je hebt omdat de wet dit voorschrijft, noemen we een *aansprakelijkheid*. Een helm dragen op een brommer en correct wisselgeld teruggeven als je een pizza verkoopt, zijn hier
voorbeelden van.

**Aansprakelijk-
heid**

Het kan ook zijn dat je een verantwoordelijkheid hebt omdat er afspraken
zijn gemaakt in een organisatie. De verantwoordelijkheid die uit deze afspraken voortvloeit, noemen we *taakverantwoordelijkheid*.
Het begrip geeft aan dat iemand een verantwoordelijkheid ontleent aan zijn
of haar functie, taak of opdracht. Hanna de pizzabezorger heeft de verantwoordelijkheid om de pizza op tijd en netjes te bezorgen. Dit baantje is een
voorbeeld van een georganiseerde verantwoordelijkheid. Hanna weet hoe en
op welk tijdstip de pizza bezorgd moet worden. Daarover zijn afspraken gemaakt en zij neemt deze verantwoordelijkheid vooraf op zich.

**Taakverantwoor-
delijkheid**

'Besides, the code is not a rule, it's more like a set of guidelines.'

— Hector Barbossa

Er zijn ook verantwoordelijkheden waarover geen expliciete afspraken zijn
gemaakt. In het voorbeeld van Hanna de pizzabezorger is dit de plicht om
voor een gewonde te zorgen bij een verkeersongeval. De plicht om dit te
doen gaat niet terug op een afspraak. Je kunt niet verwachten dat Hanna in
haar inwerkperiode alle mogelijke calamiteiten besproken heeft. Toch is het
een redelijke verwachting van veel mensen, ook bij de pizzaservice, dat Hanna een gewond verkeersslachtoffer helpt. Deze verwachting is een morele
verwachting gebaseerd op een moreel uitgangspunt. In dit geval op de norm
dat je hulpbehoevenden behoort te helpen. Verantwoordelijkheden die je
hebt vanwege een morele plicht noemen we *deugdverantwoordelijkheden*.
In figuur 3.1 staan de drie soorten verantwoordelijkheid op rij.

**Deugdverant-
woordelijkheid**

FIGUUR 3.1 Drie soorten verantwoordelijkheid

Soort verantwoordelijkheid	Plicht is gebaseerd op	Tegenover wie leg je verantwoording af
Aansprakelijkheid	Wetten	De rechter of politie
Taakverantwoordelijkheid	Afspraken in de organisatie	Collega's
Deugdverantwoordelijkheid	Morele uitgangspunten	Jezelf en je sociale omgeving

Nu zijn wettelijke verplichtingen vaak preciezer geformuleerd dan afspraken in organisaties. En deze laatste zijn weer nauwkeuriger dan morele verplichtingen. Bovendien is het onderscheid tussen een taakverantwoordelijkheid en een deugdverantwoordelijkheid lang niet altijd duidelijk te maken. Vaak zijn taken niet zo eenduidig vastgelegd. Kortom, de morele werkelijkheid is ingewikkelder dan figuur 3.1 stelt.

Verantwoordelijk zijn

Laten we teruggaan naar het voorbeeld van de pizzabezorger. Hanna koos een andere route toen de brug open stond. Was dit een taakverantwoordelijkheid of een deugdverantwoordelijkheid? Is het omrijden een onderdeel van de afspraak met haar baas om de pizza's zo snel mogelijk te bezorgen? Of valt het daarbuiten en doet Hanna dat vanwege een moreel uitgangspunt, bijvoorbeeld de deugd 'inzet'? Dit is belangrijk om te weten, want als het een taakverantwoordelijkheid is, kan haar baas haar veel strenger aanspreken. Ze doet haar werk immers niet zoals ze het behoort te doen. Als het alleen een deugdverantwoordelijkheid is, wordt het een heel ander gesprek tussen Hanna en haar baas. De plicht van Hanna een andere route te kiezen, weegt zwaarder als het een taakverantwoordelijkheid is dan wanneer het een deugdverantwoordelijkheid is. Probleem is natuurlijk dat het onderscheid niet zo eenvoudig te maken is. Een afspraak over omrijden als de brug openstaat zal zeker niet in het arbeidscontract staan, maar toch kan men in het bedrijf algemeen van mening zijn dat dat wel degelijk tot je taak behoort. Of dit het

Bedrijfscultuur

geval is, is een kwestie van *bedrijfscultuur*. En de verschillende pizzeria's in de stad zullen verschillen in fanatisme als het gaat om snel pizza's bezorgen.

Je kunt wel verantwoordelijk zijn, maar je moet je ook verantwoordelijk voelen.

Verantwoordelijk voelen

Wat we hier zien is het verschijnsel dat taakverantwoordelijkheden moeilijk goed zijn uit te voeren als ze niet ook als deugdverantwoordelijkheden worden opgevat, of erdoor worden ondersteund. Dit wordt ook uitgedrukt in de zin: je kunt wel verantwoordelijk zijn, maar je moet je ook *verantwoordelijk voelen*. Hanna moet haar werk met de nodige inzet doen. Zij moet haar taak met deugdverantwoordelijkheid uitvoeren. Pas dan is zij een goede werknemer. Dit geldt voor alle beroepen en organisaties. Elk beroep en elk bedrijf heeft zijn 'open bruggen' waarover een moraal zegt of ervoor omgereden moet wor-

Beroepsethiek

den of niet. Men spreekt dan vaak van beroepsethiek of arbeidsethos. Het draait dan altijd om de deugdverantwoordelijkheid die je vooraf op je neemt en waarmee je je werk verricht. Laten we daarom het begrip deugdverantwoordelijkheid nader onderzoeken.

3.3 Verantwoorde beslissingen

We hebben gezien dat iemand een verantwoordelijkheid van binnen moet voelen, vooraf moet aanvaarden, wil hij of zij een taak goed uitvoeren. Dit maakt het ingewikkeld, want je kunt aan de buitenkant van mensen niet zien wat er in ze omgaat, waarom ze dingen doen. Neem maar eens de vier voorbeelden van gedrag in figuur 3.2 met de morele overweging die reden voor dat gedrag *kan zijn*.

FIGUUR 3.2 Deugdverantwoordelijkheden en de morele uitgangspunten waarop de plicht gebaseerd kan zijn

Deugdverantwoordelijkheid	Voorbeeld van moreel uitgangspunt waarop het gedrag gebaseerd kan zijn
Ouders die een boterham smeren voor hun kinderen	Norm: je behoort boterhammen te smeren voor je kinderen
Een docent veegt het bord leeg na de les	Waarde: netheid
Een student die een klasgenoot belt dat een tentamen toch een openboektentamen is	Deugd: hulpvaardigheid
Een student die een klasgenoot appt dat een college is vervallen	Norm: je appt elkaar als er een roosterwijziging is

Het laatste voorbeeld in figuur 3.2 kan ook een expliciet gemaakte afspraak zijn in een klas. Sommige klassen hebben een groepsapp met een rijtje afspraken wanneer er geappt moet worden. Met zo'n afspraak verandert de deugdverantwoordelijkheid om te appen als een college vervallen is, in een taakverantwoordelijkheid. Ook het tweede voorbeeld van het leegvegen van het bord kan een taakverantwoordelijkheid zijn als daar afspraken over bestaan. Als je een verantwoordelijkheid bespreekt, maakt het echter een groot verschil of je de ander wijst op een morele plicht (waarde, norm of deugd) om iets te doen, of op een bestaande afspraak. Het is dus zaak te weten of je met een deugdverantwoordelijkheid of een taakverantwoordelijkheid van doen hebt.

Maar er is meer. We hebben in hoofdstuk 2 gezien dat morele uitgangspunten persoonsgebonden zijn (niet persoonlijk, dat is iets anders). Je hoeft het dus niet eens te zijn met wat er in de tweede kolom van figuur 3.2 staat. Je kunt hetzelfde gedrag vertonen op basis van een ander moreel uitgangspunt!

Als we een gesprek willen voeren over het vertoonde gedrag, dan kan het handig zijn om de morele uitgangspunten zelf even te laten rusten en te kijken naar het proces van besluitvorming bij de ander. Misschien kun je de keuzes van de ander respecteren als je weet dat deze wel zorgvuldig tot een keuze is gekomen. Als je er zo naar kijkt, ga je meer naar de persoon en de situatie kijken en minder naar de normen en waarden. Je kijkt deugdethisch naar de situatie.

Computers voeren taken uit. Mensen accepteren verplichtingen.

3

Verantwoordelijkheid als deugd wil zeggen dat je je als een geestelijk volgroeid en zelfstandig denkend mens gedraagt. Je kijkt niet alleen naar je strikte taakomschrijving, maar gaat er serieus mee om en weegt de specifieke omstandigheden mee. Iemand die zich zo gedraagt, noemen we een wijs mens. Wijsheid wil niet alleen zeggen dat iemand veel weet, dat hij of zij knap is, maar drukt ook uit dat hij of zij *weloverwogen* en *doordacht* beslissingen neemt. Dat is wat in feite met verantwoordelijkheid als deugd wordt bedoeld.
Er zijn vijf criteria waaraan je kunt herkennen of iemand deze deugd bezit. Verantwoordelijkheid als deugd is een *relatief begrip*. Het is niet zo dat iemand deze deugd wel of niet bezit. Mensen zijn in meerdere of mindere mate deugdverantwoordelijk. Dit betekent dat als iemand aan een paar van de volgende criteria voldoet, hij of zij al een verantwoordelijk mens genoemd kan worden.
Verantwoordelijke mensen:
1 nemen zelfstandig beslissingen,
2 nemen hun verplichtingen serieus,
3 wegen verschillende normen tegen elkaar af,
4 hebben oog voor de gevolgen van de handeling, en
5 zijn persoonlijk aanspreekbaar op hun keuze.

Ad 1 Neemt de persoon zelfstandig besluiten?
Een eerste criterium is dat iemand beschikt over een zekere mate van zelfstandigheid bij het nemen van beslissingen. Het gaat erom in hoeverre iemand in staat is om onafhankelijk van anderen op grond van de eigen inzichten keuzes te maken. En deze keuzes ook voor eigen rekening neemt.
Vaak is wat anderen zeggen of denken van grote invloed. Zeker als je bij een
hechte groep hoort, is hetgeen anderen vinden vaak van invloed op je handelen. Het kan dan moeilijk zijn zelfstandig een keuze te maken over wat
goed is. Zeker als die keuze ingaat tegen dat wat de groep goed vindt. Denk
maar eens aan groepsgedrag in stadions (oerwoudgeluiden, wave), school-
klassen of de sportschool (pesten, prestatiedruk). Een deugdverantwoordelijk iemand staat voor zijn of haar beslissingen.

Zelfstandig beslissen

Ad 2 Neemt de persoon zijn/haar verplichtingen serieus?
Een tweede criterium hangt nauw samen met de manier waarop iemand met zijn of haar taak omgaat. Hanna de pizzabezorger kan de pizza ongeïnteres-
seerd bij de klant in handen duwen. Ze kan ook de mensen aankijken en

vriendelijk gedag zeggen. In beide gevallen bezorgt ze de pizza, maar in het tweede geval doet ze het wat serieuzer en daarmee beter. Ze neemt haar verantwoordelijkheid.

Ad 3 Weegt de persoon verschillende normen tegen elkaar af?
Een derde criterium is het tegen elkaar afwegen van verschillende morele normen. Toen Hanna een verkeersslachtoffer aantrof, besloot ze dat de norm dat die persoon geholpen moest worden, belangrijker was dan de taakverantwoordelijkheid dat de pizza's snel en heet bezorgd moesten worden. Dat Hanna een afweging maakte, maakt haar tot een deugdverantwoordelijk iemand. Let wel, het gaat om het maken van de afweging, niet zozeer om de keuze. Dus ook als Hanna weloverwogen was doorgereden, had dit nog deugdverantwoordelijk kunnen zijn, als ze maar niet zonder erbij na te denken was doorgereden. Overigens kan ze met die keuze wel in de knel komen met het volgende criterium van deugdverantwoordelijkheid.

Ad 4 Heeft de persoon oog voor de gevolgen van de handeling?
Oog hebben voor de gevolgen van de handeling ligt in het verlengde van het derde criterium. Hier wordt gevraagd niet alleen te kijken naar de morele regels die in een bepaalde situatie gelden, en deze te volgen, maar ook rekening te houden met de gevolgen daarvan. Hanna kan zeggen dat andere mensen ook heel goed een verkeersslachtoffer kunnen helpen en daarom doorrijden. Los van de vraag of dit een sterk argument is, zijn de gevolgen, een mogelijke dood van het slachtoffer, zo groot dat Hanna haar keuze moet heroverwegen.

Ad 5 Is de persoon aanspreekbaar op zijn/haar keuze?
Een laatste criterium is de vraag of iemands gedrag toetsbaar is, of iemand ook bereid is zijn of haar keuze aan een kritische blik van een ander te onderwerpen. Met andere woorden: de vraag of iemand bereid is om verantwoording af te leggen over de morele keuzes die gemaakt zijn. Het criterium van toetsbaarheid vraagt erom dat je bereid bent een gesprek aan te gaan, door aan te geven welke redenen er zijn om een bepaalde norm al dan niet te volgen.

Bij verantwoordelijkheid als deugd wordt een zelfstandig oordeel geformuleerd. Hierbij hoort dat ook anderen inzicht hebben in de manier waarop dat oordeel tot stand is gekomen, omdat ook anderen dan kunnen nagaan of de beslissing op een moreel verantwoorde manier is genomen.

Aanspreekbaarheid en aansprakelijkheid
We hebben in de eerste paragraaf gezien dat verantwoordelijkheid enerzijds de plicht inhoudt iets te doen, ergens zorg voor te dragen, en anderzijds dat je daarover rekenschap aflegt, je verantwoordt je voor je keuzes. Dit laatste betekent dat je *aanspreekbaar* bent op je gedrag. En dit aanspreekbaar zijn, verscheen ook als laatste criterium van deugdverantwoordelijkheid.
Nu hebben we gezien dat er een juridische betekenis van het woord verantwoordelijkheid is dat hierop lijkt, namelijk *aansprakelijkheid*. Het lijkt dat aansprakelijkheid ook gaat over aanspreekbaar zijn op je gedrag. Niets is echter minder waar. We moeten aansprakelijkheid niet verwarren met het aanspreekbaar zijn op je gedrag, dat een kenmerk is van deugdverantwoordelijkheid. Aanspreekbaar zijn moet je letterlijk nemen, namelijk als 'in staat en bereid te antwoorden'. Dus deelnemer in een moreel gesprek.

Aanspreekbaarheid

Aansprakelijkheid

Een moreel vertoog gaat over aanspreekbaarheid, nooit over aansprakelijkheid.

3

Als je aansprakelijk bent, is er helemaal geen gesprek meer. Je wordt niet aangesproken, je wordt niet gevraagd je te verantwoorden. Aansprakelijk word je *gesteld* door anderen. Dit gebeurt altijd op basis van wettelijke regels. Alleen de wet stelt mensen aansprakelijk. De formulering van de wet kan zelfs zo ver gaan dat je aansprakelijk bent voor zaken die je niet zelf hebt gedaan. Zo ben ik aansprakelijk voor de ruit die mijn zesjarig zoontje bij de buren kapot schopt. Hoewel niemand mij verantwoordelijk zal houden voor zoiets. Aansprakelijkheid is geregeld in de wet en is vanuit moreel perspectief vrijwel nooit relevant.

REFLECTIEVRAGEN

3.3 Ken jij het verschijnsel dat iemand niet aanspreekbaar is op zijn of haar gedrag? Dat iemand altijd een antwoord klaar heeft? Wat doet dit met je?

3.4 Wat betekent het voor jou als andere mensen je zien als iemand die altijd een uitleg klaar heeft?

3.4 Verzachtende en verontschuldigende omstandigheden

Verantwoordelijk zijn betekent aanspreekbaar zijn. Maar er zijn situaties waarin iemand niet helemaal of helemaal niet verantwoordelijk kan worden gehouden voor zijn handelen. Dit heeft tot gevolg dat die persoon dan minder of niet aanspreekbaar is voor zijn gedrag. Het gaat hier dus om het achteraf verantwoorden van gedrag. De omstandigheden waaronder een handeling plaatsvindt, tellen mee in de beoordeling van de verantwoordelijkheid.

Verontschuldigende omstandigheden

Omstandigheden die iemand vrijpleiten van verantwoordelijkheid heten *verontschuldigende omstandigheden*. Omstandigheden die iemand gedeeltelijk vrij pleiten heten verzachtende omstandigheden.

Er is een viertal verontschuldigende omstandigheden:

1 *Onwetendheid over de aard of de consequenties van een handeling.* Onwetend over de aard van een handeling is bijvoorbeeld iemand die een baan aanneemt bij een bedrijf dat, naar later blijkt, in dienst staat van een criminele organisatie. Onwetend over de consequenties waren bijvoorbeeld bouwbedrijven die in de jaren vijftig hun werknemers onbeveiligd met asbest lieten werken. In dit geval is het belangrijk dat de handelende persoon werkelijk niet van tevoren wist of redelijkerwijs had kunnen weten wat de aard of de gevolgen van zijn handeling waren.

2 *Er is sprake van een vorm van dwang*. Als je gedwongen wordt tot een bepaalde handeling kun je niet verantwoordelijk worden gehouden. Dwang
   kan zijn externe dwang, zoals wanneer iemand onder dwang meedoet aan
   het beroven van een bank, maar het kan ook interne dwang zijn, zoals bij
   iemand die een psychische stoornis heeft als kleptomanie (een ziekelijke
   afwijking die leidt tot stelen) en op grond daarvan gedrag vertoont dat
   buiten zijn wil om ontstaat.
   Het gevaar bij deze verontschuldigende omstandigheid is dat dit argument gemakkelijk te snel kan worden genoemd. 'Ik kon niet anders...',
   terwijl iemand in werkelijkheid misschien wel anders kon, maar het helemaal niet geprobeerd heeft. In zo'n geval is er geen sprake van dwang
   maar is het een slappe smoes.
3 *Je hebt geen invloed op de gang van zaken (overmacht)*. Je kan niet op
   school komen wegens ziekte, er staat een file of de brug staat open. Allemaal redenen die buiten jezelf liggen waardoor je je afspraken niet kunt
   nakomen. De moeilijkheid bij deze verontschuldigende omstandigheid is
   dat het alleen opgaat wanneer je je wel deugdverantwoordelijk hebt opgesteld. Dus ziek worden omdat je een nacht in de kroeg hebt doorgehaald,
   telt eigenlijk niet. En als er elke dag een file staat, dan neem je je verplichting niet serieus en telt dit argument van overmacht ook niet.
4 *De afwezigheid van de vaardigheid om te handelen*. Als iemand niet kan
   zwemmen, hoeft hij of zij een drenkeling niet achterna te springen. Men
   is wel moreel verplicht (verantwoordelijk) om op een andere manier hulp
   te halen. Als er geen alternatieven aanwezig zijn, dan kun je niet verantwoordelijk worden gehouden voor het niet redden van de drenkeling.

Verontschuldigende omstandigheden pleiten iemand vrij van verantwoorde-
lijkheid. *Verzachtende omstandigheden* pleiten iemand gedeeltelijk vrij van   **Verzachtende**
zijn of haar verantwoordelijkheid. Dit kan het geval zijn wanneer je slechts   **omstandigheden**
zijdelings bij een moreel verkeerde daad bent betrokken; je bent dan minder
verantwoordelijk dan de direct betrokkene.

De moderne jeugd is vroeg mondig, maar oud volwassen.

Als verontschuldigende of verzachtende omstandigheden uit hun verband
worden gerukt of onredelijk groot worden gemaakt, dan krijgt ernaar verwij-
zen de vorm van een *morele smoes*. Hiervan is vaak sprake als iemand he-   **Morele smoes**
lemaal niet de bedoeling heeft om verantwoordelijkheid te nemen. Voorbeel-
den zijn:
- Dat kan ik toch niet weten.
- Het is uiteindelijk zijn eigen verantwoordelijkheid.
- Ik kan het toch proberen?
- Dan gaat ze toch weg als het haar niet aanstaat.
- Ach, een keertje is toch niet erg.
- Dat is mijn zaak niet hoor, daarover gaat mijn baas.
- Er stond file onderweg.
- Iedereen doet het.
- Als ik het niet doe, doet een ander het wel.
- ...

Alle voorbeeldzinnen kúnnen in specifieke situaties redelijke argumenten zijn, maar meestal worden ze gebruikt om verantwoordelijkheid te ontlopen.

REFLECTIEVRAAG

3.5 Wat is jouw morele smoes? Wanneer probeer jij verantwoordelijkheid te ontlopen en wat zeg je dan?

Samenvatting

▶ Verantwoordelijkheid is een morele keuze uitgespreid in de tijd. Het is enerzijds:
- de plicht voor iets of iemand zorg te dragen (vooraf) en anderzijds
- de plicht rekenschap af te leggen over je keuzes (achteraf).

▶ De plicht iets te doen kan gebaseerd zijn op:
- morele uitgangspunten; dit heet deugdverantwoordelijkheid
- afspraken met mensen met wie je samenwerkt; dit heet taakverantwoordelijkheid
- wetten; dit heet aansprakelijkheid

▶ In het dagelijks werk zijn taak- en deugdverantwoordelijkheid vaak moeilijk te scheiden.

▶ Of iemand deugdverantwoordelijk is, kun je beoordelen aan de hand van vijf criteria:
- zelfstandigheid
- serieus zijn
- normen afwegen
- oog voor gevolgen
- aanspreekbaarheid

▶ Iemand wordt (gedeeltelijk) vrijgepleit van verantwoordelijkheid door:
- verontschuldigende omstandigheden (pleiten volledig vrij)
- verzachtende omstandigheden (pleiten gedeeltelijk vrij)

'Wat moet jij doen?'

De ethiek

gaat aan de

ontologie

vooraf.

4
Vrijheid

Wat was je laatste keuze?
Wat heb je niet gedaan?
Wie helpt jou?
Wat belemmert jouw vrijheid?
Accepteer je die belemmeringen of gebruik je ze als excuus?

In dit hoofdstuk staat de waarde 'vrijheid' centraal. Vrijheid kun je een 'hoerawoord' noemen; iets waar iedereen voor is. Velen menen dat vrijheid voor het menselijk leven zo fundamenteel is, dat niemand zonder kan. Wanneer mensen geen vrijheid meer hebben, dan zijn ze de essentie van hun bestaan kwijtgeraakt. Maar tegelijkertijd is het zo dat de vrijheid van de één de vrijheid van de ander kan bedreigen. Als de één zich te veel vrijheid toe-eigent, kan de ander niet meer goed leven.

Deze twee aspecten van vrijheid, het feit dat vrijheid zo belangrijk is dat het haast een levensvoorwaarde is, én het feit dat vrijheid van de een de vrijheid van een ander kan schaden, komen eerst aan de orde. Daarna werken we het begrip vrijheid nader uit door een onderscheid te maken tussen twee verschillende soorten vrijheid en de relatie te bespreken die bestaat met verschillende rechten. Ten slotte onderzoeken we de relatie tussen vrijheid en de ideeën die mensen hebben over een goede maatschappij.

4.1 Zelfbeschikking zonder dwang

NATUURLIJK HEB JIJ RECHT OP ZELFBESCHIKKING

NA DE AFWAS!

VRIJHEID, ZELFBESCHIKKING ZONDER DWANG

Wat betekent vrijheid? Voor veel mensen heeft dit begrip te maken met het naar eigen goeddunken inrichten van het leven, met onafhankelijkheid, of met het vrij zijn van de bemoeienis van anderen. Vrijheid kan inhouden dat men vrij is om te denken wat men wil, om te kiezen voor een bepaalde levensovertuiging, om zelf te bepalen hoe men zijn geld wil besteden, zijn huis wil inrichten en zijn kinderen wil opvoeden. Vrijheid is ook het zich al dan niet bij een vereniging aansluiten, je mening verkondigen, schrijven wat men wil en gaan en staan waar men wil.

Vrijheid

| Vrijheid is de mogelijkheid om over jezelf en je leven te beschikken.

Zelfbeschikking

Al deze vormen van vrijheid worden door het woord *zelfbeschikking* weergegeven. Om de vrijheid tot zelfbeschikking te beschermen heeft iedere burger dan ook zelfbeschikkingsrecht. Dit recht ligt verankerd in de wet en wil zeggen dat ieder mens de vrijheid heeft om zelf te beschikken, te bepalen, hoe ze hun eigen leven vormgeven.

Het toekennen van het recht op zelfbeschikking houdt echter tevens in dat mensen elkaar niet kunnen opleggen hoe te denken of te handelen. Natuurlijk mag iemand best kritiek hebben op de levenswijze of keuzes van een ander, maar iemand tot ander gedrag dwingen, gaat in tegen het zelfbeschikkingsrecht.

Tegelijkertijd rijst de vraag hoever dit zelfbeschikkingsrecht eigenlijk gaat. Inbreken bij een ander op grond van het zelfbeschikkingsrecht mag niet. Ook het openlijk uiten van racistische of discriminerende taal wordt niet getolereerd. Aan anderen wordt immers schade toegebracht. Het zelfbeschikkingsrecht wordt dus ingeperkt door het verbod anderen schade toe te brengen. Deze inperking van ieders vrijheid noemen we het schadebeginsel.

Als een handeling duidelijk schade aan een ander toebrengt, is deze handeling niet toelaatbaar. Dit uitgangspunt voor recht en moraal noemen we het schadebeginsel.

Schadebeginsel

Het schadebeginsel houdt in dat het recht op zelfbeschikking niet betekent dat mensen absolute vrijheid hebben. Absolute vrijheid is alleen mogelijk voor wie, zoals Robinson Crusoë, op een onbewoond eiland zit. Omdat de meeste mensen zich niet in deze situatie bevinden, is het dus noodzakelijk afspraken te maken over de vraag hoe de vrijheid van de een zich moet ver-houden tot de vrijheid van de ander. Op welke vrijheden heeft een mens recht en welke vrijheden mogen mensen niet hebben omwille van de vrijheid van een ander? Hierover moeten in de samenleving afspraken worden ge-maakt. Deze afspraken houden in dat mensen zowel rechten toegekend krij-gen die hun eigen vrijheden beschermen, als plichten opgelegd krijgen die de vrijheden van anderen beschermen. De rechten beschermen de eigen vrijheid. De plichten beschermen de vrijheden van anderen.

In de volgende paragrafen onderzoeken we hoe deze rechten en plichten onze vrijheid creëren. Deze rechten en plichten kunnen zowel in de vorm van wetten verschijnen als in de vorm van moraal. Er zijn al verschillende voor-beelden gegeven van wettelijke rechten.

REFLECTIEVRAGEN
4.1   Hoe vaak heb jij het afgelopen uur op je mobiel gekeken?
4.2   Hoe vrij ben jij om je mobiel een dag thuis te laten?

4.2 Vrijheid van en vrijheid tot

Vrijheid is dus een morele waarde die inhoudt dat mensen zelf over hun leven moeten kunnen beschikken. Om voor ieder individu vrijheid te realise-ren is het nodig een systeem van rechten en plichten voor iedereen in te stellen. Hier gaan we in deze paragraaf nader op in.

De vrijheid om te doen en te laten wat je wilt, bestaat eruit dat anderen je niet mogen hinderen in het uitoefenen van deze vrijheid. Als jij bijvoorbeeld 's avonds een café wilt binnengaan, mag een ander jou niet de toegang be-letten. Of wanneer je naar het buitenland wilt vertrekken en je hebt geldige papieren, dan mogen de autoriteiten je aan de grens niet tegenhouden. Nie-mand mag anderen hinderen te gaan en te staan waar zij willen, of beletten hun mening te verkondigen of hun godsdienst uit te oefenen.
Al deze vrijheden zijn varianten op de vrijheid van bemoeienis van een an-der. We noemen dit soort vrijheid waarbij een ander iets moet laten, zich niet met je moet bemoeien, *vrijheid van*. Vrijheid van is van wezenlijk belang voor een goed leven. Het betekent dat anderen iets niet mogen doen, name-lijk iemand belemmeren zijn eigen leven te leiden.

Vrijheid van is het achterwege blijven van bemoeienis van een ander met je leven.

Vrijheid van

Klassieke vrijheidsrechten

Zoals in de vorige paragraaf is aangegeven, hebben mensen rechten om hun vrijheid te beschermen. De rechten die *vrijheid van* beschermen, worden *klassieke vrijheidsrechten* genoemd. Het gaat om rechten waarbij anderen de plicht hebben om zich ergens van te onthouden. Enkele voorbeelden van klassieke vrijheidsrechten zijn het recht op vrijheid van meningsuiting, het recht om te gaan en te staan waar men wil, het recht op vrijheid van vergadering en het recht op privacy. Deze rechten zijn 'klassieke' rechten, omdat er al sinds de zeventiende eeuw voor is gestreden en het de eerste rechten waren die ook als zodanig zijn erkend.

'Die Gedanken sind frei.'

— Duits spreekwoord

Deze *vrijheid van*, dit zelfbeschikkingsrecht, is heel mooi, maar soms is het niet genoeg. Je kunt bijvoorbeeld pas gebruikmaken van je *vrijheid van* om naar het buitenland te gaan als er transportmiddelen zijn om je te verplaatsen. Je hebt pas de vrijheid om een brief met jouw mening naar de krant te sturen, als je hebt leren lezen en schrijven. *Vrijheid van* is weliswaar een groot goed, maar soms kun je er maar weinig mee als je de noodzakelijke middelen niet hebt. Voor het daadwerkelijk gebruikmaken van je vrijheid is dan meer nodig. Dit meer is bijvoorbeeld een *vrijheid tot* het volgen van onderwijs.

Vrijheid tot wil dan ook zeggen dat de gemeenschap, een overheid, de verplichting heeft een bijdrage te leveren om ieders vrijheid te helpen realiseren. Om bijvoorbeeld onderwijs mogelijk te maken, moet de overheid zorgen voor schoolgebouwen, docenten en onderwijsmateriaal. Om onze vrijheid om te reizen te helpen realiseren, moet de overheid een paspoort uitgeven dat veilig is en geldig over de hele wereld. Ook moet de overheid zorgen voor een goed werkend openbaarvervoersysteem om onze vrijheid tot reizen te helpen realiseren.

Vrijheid tot

> *Vrijheid tot* betekent dat een overheid middelen verschaft, het mogelijk maakt, dat mensen specifieke vormen van hun *vrijheid van* kunnen realiseren, waartoe ze zonder hulp niet in staat zijn.

Sociale rechten

Ook voor *vrijheid tot* geldt dat deze door rechten wordt beschermd. Deze rechten worden *sociale rechten* genoemd. Hierbij hebben andere mensen, meestal de overheid, de plicht om juist wél iets te doen, namelijk om door het leveren van een bijdrage de vrijheid van de ander te helpen realiseren. Enkele voorbeelden van sociale rechten zijn het recht op bijstand, het recht op onderwijs en het recht op arbeid.

Het grote probleem bij sociale rechten is de afdwingbaarheid ervan. Het realiseren van vrijheidsrechten kost anderen geen extra inspanning, ze hoeven alleen iets na te laten. Het realiseren van sociale rechten vraagt echter veel meer. Het is dan ook niet vanzelfsprekend dat, ook al heeft in principe ieder mens een aantal sociale rechten, deze ook automatisch gerealiseerd worden. Veel is afhankelijk van het land waarin men woont. Zo hebben zwarte burgers in Amerika al vijftig jaar dezelfde rechten als blanken (= vrijheid van), maar het is pas in deze eeuw dat het een zwarte burger lukte om gekozen te worden tot president van het land. De grote sprong van vrijheid van naar vrijheid tot, verwoordde Barack Obama in zijn verkiezingsslogan.

'Yes we can!'

— Barack Obama

Maar niet alleen bij grote veranderingen in de wereldgeschiedenis is het onderscheid tussen vrijheid van en vrijheid tot aan de orde. In het krantenartikel legt filosoof Henk Procee uit dat er te veel nadruk ligt op vrijheid van en te weinig aandacht is voor vrijheid tot.

TROUW, 27 FEBRUARI 2004

Zelfbeschikking of hormonen?

FILOSOOF HENK PROCEE BELICHT WEKELIJKS EEN DETAIL UIT HET WERK VAN IMMANUEL KANT

Paternalisme is uit, autonomie is in. Zo wordt studenten geneeskunde tegenwoordig ingepeperd dat zij de autonomie van de patiënten dienen te eerbiedigen: 'Leg hun uit wat de mogelijke behandelingen zijn en de eventuele consequenties daarvan, maar ze moeten zelf beslissen.' Een vooruitgang, mede dankzij Kant. Maar wat voor een vooruitgang: 'Zij moeten zelf beslissen.'

Autonomie en zelfbeschikking zijn grote woorden met een hoog retorisch gehalte. Meestal worden ze als synoniemen gebruikt. Dat is niet terecht. Kant had niet zoveel op met het woord 'zelfbeschikking'. Voor hem moest de nadruk op het woord 'autonomie' liggen. Dat woord, samengesteld uit twee Griekse woorden – zelf (autos) en wet (nomos) –, betekent zoiets als 'zichzelf de wet stellen'. Een autonoom persoon is iemand die z'n eigen wetgever is. Daar zit, als je wat nauwkeuriger kijkt, iets tegenstrijdigs in. Zo'n wet is een persoonlijke keuze, dus iets van jezelf, en tegelijk de leidsman/vrouw in je bestaan, dus iets buiten jezelf. Een autonoom mens kiest met andere woorden zijn of haar eigen baas. Hij of zij heeft aan zichzelf niet genoeg maar probeert te leven volgens een kwaliteitskeurmerk. Zo begrijp ik het begrip 'autonomie' bij Kant.

Ik geef een voorbeeld dat me dit ooit duidelijk maakte. Het speelt zich af tijdens een van de vorige presidentsverkiezingen in de Verenigde Staten. Daar werd de politicus Mario Cuomo ondervraagd over zijn houding jegens de doodstraf, waar hij een tegenstander van was. Zoals gebruikelijk ging dat behoorlijk platvloers: 'Meneer Cuomo, als u met uw vrouw in een park zou wandelen en iemand zou haar aanranden, zou u dan in staat zijn die man dood te slaan?'
Zijn reactie vormt een voorbeeld van 'zichzelf de wet stellen': 'Ik ken de man Mario Cuomo en ik weet dat die in staat is een ander te vermoorden; daarom moeten de wetten in dit land beter zijn dan hij is.'

Bij autonomie is de vraag: hoe neem ik kwalitatief zo goed mogelijk beslissingen in mijn leven? Bij zelfbeschikking ligt dat heel anders. Daar speelt kwaliteit geen enkele rol. Of het nu de hormonen zijn, of een diep doordacht besluit – het is lood om oud ijzer. Het enige dat telt is dat iemand iets wil, niet wat zo iemand wil. Kinderporno – het moet kunnen; Amnesty

4

International – het moet mogen. Zelfbeschikking impliceert, in tegenstelling tot autonomie, dat het onjuist is kritiek te hebben op iemands levenswijze, dat het zinloos is adviezen te geven.

Het zal duidelijk zijn dat beide termen verschillende filosofische wortels hebben. Vindt het begrip 'autonomie' zijn beste formulering bij Kant, het begrip 'zelfbeschikking' is afkomstig van Engelse liberale denkers, zoals Jeremy Bentham. Deze filosofen geloven niet dat vrijheid een innerlijke eigenschap van mensen kan zijn. Zij hechten er alleen in uitwendige termen aan: de sociale omgeving, de overheid, moet afblijven van een deel van iemands leven – en hoe mensen in dat deel opereren laten we

aan henzelf over. Onverschillig of het beheerst wordt door hoogstaande redenen of door meeslepende passies. Tenminste, zo lang anderen er geen last van hebben. Zelfbeschikking lijkt op moreel autisme. Voor Kant is dat niet alleen een ernstig ziektebeeld, maar ook een overschatting van zichzelf. Hij gelooft er niet in dat mensen een god zijn in het diepst van hun gedachten. Voor kwaliteit is meer nodig dan je eigen ik.

Terug naar die medische studenten: Zouden ze misschien een beetje mogen leren hoe ze mensen kunnen begeleiden bij het nemen van autonome beslissingen, in plaats van ze in de steek te laten met hun zelfbeschikking?

Uit de voorbeelden in deze paragraaf blijkt dat *vrijheid van* en *vrijheid tot* niet los van elkaar gezien kunnen worden. Mensen hebben pas vrijheid als er een bepaalde verhouding tussen beide vormen van vrijheid is gevonden. De voorbeelden laten zien dat er verschillende opvattingen bestaan over wat de juiste verhouding is en dat er dus verschillend wordt gedacht over wat een goede maatschappij is. Immers, een goede maatschappij zonder vrijheid is ondenkbaar.

REFLECTIEVRAGEN

4.3   Je gaat deze week wellicht nog sporten. Welke vrijheden worden door de sportvereniging voor jou mogelijk gemaakt? Omschrijf ze heel precies.

4.4   Wellicht ben je ook actief binnen de vereniging. Welke vrijheden maak jij mede mogelijk voor andere leden?

4.3 Vrijheid als verantwoordelijkheid

Tot nu toe ging dit hoofdstuk over vrijheid als mogelijkheid om dingen te doen in je leven. Er is ook nog een andere betekenis van vrijheid; namelijk het accepteren van je verantwoordelijkheid. Daarover gaat deze paragraaf.

In paragraaf 3.4 is het ontbreken van vrijheid om te handelen aangevoerd als reden om iemand niet verantwoordelijk te houden voor zijn of haar gedrag. Als je niet vrij kunt kiezen ben je ook niet verantwoordelijk. Omgekeerd geldt ook: als je verantwoordelijk bent, dan ben je ook vrij.
In de vorige eeuw benadrukte de Franse filosoof Jean-Paul Sartre (1905-1980) dat mensen vrije wezens zijn die het leven dat ze leiden *per definitie* zelf

kiezen. Sartre bedoelde dit heel extreem en fundamenteel. We lichten het toe. Als van een diersoort alle individuen gestorven zijn, kun je zeggen dat de soort als zodanig nog wel bestaat. We weten immers hoe de soort eruitzag, hoe hij zich gedroeg, et cetera. We kunnen de essentie van de soort omschrijven, ook al zijn de dieren zelf uitgestorven. Bij de mens kan dit niet, omdat hij zijn eigen bestaan ontwerpt tijdens zijn leven. Wij zijn natuurlijk ook dieren met een uiterlijk en een gedrag. Maar ieder mens kan van elke soortbeschrijving zeggen: 'Dat geldt niet voor mij. Ik doe dat anders.' In deze betekenis zijn mensen vrij van elke soortomschrijving, vrij van elke essentie. Wij bestaan eerst als individu en dan kiezen we wie we zijn. Sartre zei: 'Bij de mens gaat het bestaan, de existentie, aan de essentie vooraf.'

Existentiële vrijheid

'Het menselijk onvermogen zijn affecten te bedwingen, noem ik onvrij.'

— Spinoza, Nederlands filosoof 1632-1677

Een dergelijke absolute vrijheid betekent dat we altijd verantwoordelijk zijn voor wat we doen, vrijheid als verantwoordelijkheid. We kunnen nooit naar iets buiten onszelf verwijzen als noodzakelijke reden voor een handeling. We zijn het altijd zelf die handelen. Wie wel naar een reden verwijst als excuus voor zijn of haar handelen, reduceert zichzelf tot een automaat of een dier, die ook geen keuze heeft. Onze verantwoordelijkheid om te kiezen is juist wat ons tot mens maakt.

Vrijheid als verantwoordelijkheid

'De mens is tot vrijheid veroordeeld.'

— Jean-Paul Sartre

Jezelf verontschuldigen voor een handeling, dat wil zeggen geen verantwoordelijkheid nemen voor wat je doet, noemt Sartre *kwader trouw*. Het is de ontkenning van het wezen van je menselijkheid: dat je altijd vrij en dus altijd verantwoordelijk bent. Er is nooit een excuus buiten jezelf, je hebt het altijd zelf gedaan. Deze kwader trouw is niet alleen een verschijnsel in grote levensvragen, waar Sartre graag over sprak, maar ook een verschijnsel dat we in het alledaags leven tegenkomen. We geven enkele voorbeelden van kwader trouw.

Kwader trouw

Docent: 'Waarom heb je je huiswerk niet gemaakt?'
Leerling: 'Ik dacht dat dat niet hoefde van u.'

Rechter: 'U wist toch dat die racefiets niet van u was?'
Fietsendief: 'Had ie 'm maar op slot moeten zetten.'

Student: 'Heb ik een vier op dat tentamen?!?'
Docent: 'Ja sorry, ik kon er echt niet meer van maken.'

'We moesten voor het college schriftelijke communicatie een stuk schrijven over ...'

Deze voorbeelden laten zien dat kwader trouw ook een heel alledaags verschijnsel is. Eveneens wordt duidelijk dat verantwoordelijkheid eerst komt en dat vrijheid daaruit volgt. De vrijheid van mensen volgt uit hun verantwoordelijkheid.

We stellen dat mensen moreel verantwoordelijk zijn – dit is een ethische uitspraak – en vervolgens volgt daaruit dat mensen dus wel vrij moeten zijn, anders kunnen we ze niet verantwoordelijk houden. We zijn dus vrij omdat we verantwoordelijk zijn. We zijn niet verantwoordelijk omdat we vrij zijn.

Op dit moment is de neuropsychologie een zeer snel groeiende wetenschap. Dit vakgebied beschrijft menselijk gedrag als een gevolg van signalen in de hersenen. Het is een beschrijving van hoe het brein en het aansturen van ons gedrag werkt. In hoofdstuk 1 hebben we een onderscheid gemaakt tussen het beschrijven van iets en het beoordelen ervan. Het zijn twee verschillende activiteiten. Vrijheid en verantwoordelijkheid zijn morele begrippen. We oordelen dat iemand verantwoordelijk is. Het is dus ook geen wonder dat de neuropsychologie de vrijheid en verantwoordelijkheid niet vindt in al haar onderzoek en haar beschrijving van het menselijk brein. Ze zal het ook nooit vinden. Ze beschrijft menselijk gedrag, maar beoordeelt niet.

De ethiek gaat aan de ontologie vooraf

Modern neuropsychologisch onderzoek toont aan dat de mens helemaal niet vrij is, in die zin dat beslissingen in de hersenen al gemeten worden voordat we ons er bewust van zijn. Beslissingen worden in je hersenen dus al genomen voordat je 'bewust kiest' om iets te doen. De bewuste en vrije keuze komt dan later, maar was al lang in gang gezet in, en dus bepaald door, de hersenen. Journalisten die schrijven over neurowetenschap concluderen daaruit dat we niet werkelijk vrij zijn. 'Wij zijn ons brein', heet het dan. Dit doet echter niets af aan de morele kant van de zaak. Ook al zijn we niet vrij in fysieke betekenis van het woord, we zijn verantwoordelijk voor wat we doen. Ook al is het waar dat, bijvoorbeeld, de actie om te schieten al begonnen is in de hersenen, voordat de 'beslissing' om de trekker over te halen bewust wordt genomen, dan nog houden we mensen verantwoordelijk voor hun gedrag. 'De ethiek gaat aan de ontologie vooraf', schreef de Franse filosoof Emanuel Levinas (1906-1995).

REFLECTIEVRAAG

4.5   Wie is er verantwoordelijk voor jouw leerproces? Wie is er verantwoordelijk voor dát je wat leert, wat je leert en dat je het tentamen haalt?

Samenvatting

- ▶ Vrijheid is de mogelijkheid over je eigen leven te beschikken.

- ▶ *Vrijheid van* is het afwezig zijn van belemmeringen en verplichtingen. Ze wordt beschermd door klassieke vrijheidsrechten.

- ▶ *Vrijheid tot* is de mogelijkheid om middelen voor het realiseren van de vrijheid op te eisen. Ze wordt beschermd door sociale rechten.

- ▶ De vrijheid om ons eigen bestaan in te vullen kunnen we niet ontkennen. Dit is een vrijheid die verantwoordelijkheid inhoudt. Het ontkennen van die verantwoordelijkheid noemen we kwader trouw.

'Ben jij vrij van jezelf?'

De eis
bemind te
worden, is
de grootste
aller
arroganties.

5
Rechten

Wat moet een ander voor jou doen?
Wanneer moet een ander voor jou wijken?
Waar heb je recht op?
Waar moet jij voor zorgen?
Ben jij wel eens geclaimd?

In de bespreking van de waarde 'vrijheid' hebben we gezien dat *vrijheid van* wordt beschermd door vrijheidsrechten en *vrijheid tot* wordt beschermd door sociale rechten. Wat zijn dat eigenlijk, rechten? Wat betekent het dat je ergens recht op hebt. Heb je daarmee een garantie op zak dat het altijd zo gebeurt? Wat betekent het dat ik jouw recht ergens op moet respecteren? Moet ik een garantie waarmaken, zoals een verzekeringsmaatschappij moet uitbetalen bij schade?

In dit hoofdstuk onderzoeken we wat het hebben van een recht precies inhoudt. Eerst bekijken we welke betekenissen het woord recht precies heeft en welke soorten rechten er zijn. Er zal blijken dat een wettelijk recht en een moreel recht verschillende zaken zijn. Als we eenmaal het onderscheid kennen tussen verschillende soorten rechten, kunnen we ook een uitspraak doen over de morele claim die een recht inhoudt.

█5.1█ Rechten, een speciaal soort normen

Recht

Het woord *recht* wordt op allerlei manieren gebruikt. Laten we eerst onderzoeken wat het woord precies betekent. We bespreken drie voorbeeldsituaties.

5

VOORBEELD 5.1
Als je met een grote groep mensen op het perron de bijna volle trein instapt, dan heeft iedereen *evenveel* recht op een zitplaats. Dit betekent niet dat iedereen recht op een zitplaats heeft. Dat kan ook niet, want als de trein vol 'zit', zullen er toch echt mensen moeten staan. Evenveel recht op een zitplaats betekent dat de vrije plaatsen eerlijk verdeeld worden en dat iedereen de vrijheid heeft te proberen een zitplaats te bemachtigen. Op die vrijheid heeft iedereen recht en dát recht kun je opeisen. Iedereen mag proberen een zitplaats te bemachtigen (op fatsoenlijke wijze). Een conducteur die aan dit recht tornt door bijvoorbeeld in de deuropening de laatste paar zitplaatsen bij opbod te verkopen of toebedeelt aan haar vrienden, kan rekenen op veel weerstand van de reizigers. Het zou immoreel zijn om dat te doen en dus keurt iedereen het af omdat iedereen vindt dat ieder evenveel recht heeft op een zitplaats.

VOORBEELD 5.2
Erik mag tijdens college vragen stellen, binnen de grenzen van het betamelijke. Hij heeft dus de vrijheid om vragen te stellen, en als hij dit doet, mag een docent of een medestudent er niet doorheen praten of hem op een andere manier hinderen. Erik kan zijn recht om vragen te stellen benadrukken en ruimte 'eisen' om vragen te stellen, als iemand hem hierbij zou hinderen.

VOORBEELD 5.3
Agnes wordt ontslagen en meldt zich bij het UWV om een nieuwe baan te zoeken. Agnes heeft recht op hulp van het UWV bij het zoeken naar een nieuwe baan. Zij kan van dit recht gebruikmaken, maar hoeft het niet te doen. Als ze gebruikmaakt van dit recht, dan heeft de overheid, in dit geval het UWV, de plicht om Agnes in te schrijven en te helpen zoeken naar een nieuwe aanstelling. Het recht van Agnes resulteert dus in een plicht voor het UWV. Deze plicht is voor Agnes opeisbaar, maar natuurlijk niet bij iedereen. Zij hoeft hiervoor niet bij de buurman aan te kloppen, maar ze moet zich melden bij het loket van het UWV.

We zien in deze voorbeelden dat sommige rechten van mensen de plicht inhouden voor anderen iets niet te doen. Het recht van de treinreizigers van een gelijke kans op een zitplaats resulteert in een plicht van de conducteur zich afzijdig te houden. En het recht van Erik iets te mogen vragen, resulteert in de plicht van de docent om Erik uit te laten spreken. Deze plicht beschermt zijn vrijheid om zijn vraag te verkondigen. Dit is een voorbeeld van een *vrijheid van*. Erik is vrij van bemoeienis van docenten en klasgenoten. De plicht van de klas en docenten is negatief, omdat de klas en de docenten iets na moeten laten; ze mogen Erik niet hinderen in het uiten van zijn mening omdat hij anders in zijn vrijheid van meningsuiting wordt aangetast.

De vrijheid van meningsuiting is niet het recht om op elk willekeurig moment je mond open te doen.

In het derde voorbeeld ligt het anders. Het recht van Agnes op ondersteuning door het UWV correspondeert ook met een plicht, namelijk de plicht van de overheid om zorg te dragen voor een goed georganiseerde informatiestroom over vacatures. Deze plicht van de overheid beschermt Agnes' *vrijheid tot* het zoeken naar een nieuwe baan, doordat zij de middelen krijgt om haar zoektocht te realiseren. De plicht van de overheid houdt in dat ze iets moet doen om Agnes haar vrijheid te helpen realiseren. De plicht van de overheid noemen wij positief.

In de drie voorbeelden schrijven rechten voor wat anderen moeten doen en zijn het dus normen. Alleen in de eerste twee voorbeelden is de inhoud van de norm dat anderen iets moeten nalaten. In het laatste voorbeeld schrijft de norm juist voor dat de overheid iets moet doen.

Rechten die de norm inhouden dat anderen iets moeten nalaten, zich niet moeten bemoeien, noemen we *vrijheidsrechten*. Ze beschermen de vrijheden van mensen. Rechten die de norm inhouden dat anderen iets moeten doen, een inspanning moeten plegen, noemen we *sociale rechten*. Deze beschermen mogelijkheden van mensen. Dit onderscheid is reeds ter sprake gekomen in het hoofdstuk over vrijheid.

Vrijheidsrechten

Sociale rechten

We vatten de genoemde inzichten over rechten als volgt samen:

> Een *recht* is een norm die stelt dat anderen iets moeten doen of laten met als doel een bepaalde vrijheid van een individu te garanderen. Een recht is zo geformuleerd dat het resultaat, de vrijheid van een individu, centraal staat. Een recht verplicht anderen.

Recht

Normen schrijven gedrag voor. Een recht is een speciaal soort norm die tot doel heeft een bepaalde vrijheid te realiseren. Een recht verplicht mensen weliswaar tot iets, maar in tegenstelling tot gewone normen gaat het niet om wat er precies moet gebeuren, maar om het beoogde resultaat voor de ander. Wat dit resultaat betreft zijn rechten een soort mix van een norm en een waarde, omdat het niet alleen om het gedrag gaat, maar ook om het resultaat van het gedrag. Een recht verplicht iemand iets te doen omwille van het resultaat voor de ander. Dit resultaat is altijd een bepaald soort vrijheid die door het recht beschermd wordt.

Rechten zijn gevaarlijke morele argumenten. Ze verplichten anderen en zelf hoef je niets te doen. Dit maakt passief en gaat gemakkelijk ten koste van je eigen verantwoordelijkheid. Het opeisen van rechten bij anderen moet dan ook met de nodige zorg gebeuren.

Voorbeelden van vrijheden waarmee mensen hun leven naar eigen keuze kunnen invullen, zijn vrijheid van meningsuiting, vrijheid van schoolkeuze en vrijheid om te kiezen waar je woont. Al deze vrijheden worden door verschillende rechten beschermd. Laten we eens kijken wat voor verschillende soorten rechten er zijn.

REFLECTIEVRAAG

5.1 Een student moet van de docent de laptop dichtklappen in de les. Heeft de student het recht om 'even het programma af te sluiten' dat aan het draaien is?

5.2 Verschillende soorten rechten

In hoofdstuk 4 maakten we een onderscheid tussen vrijheidsrechten die een *vrijheid van* andermans bemoeienis garanderen, en sociale rechten die een *vrijheid tot* het realiseren van een vrijheid veiligstellen. Als we een onderscheid maken tussen sociale rechten en vrijheidsrechten kijken we dus naar de soort inspanning die anderen moeten leveren om mijn rechten te helpen realiseren.

We kunnen ook op andere wijzen een onderscheid maken tussen verschillende soorten rechten:

- We kunnen kijken voor wie een recht geldt. Is het algemeen, voor iedereen, of specifiek, voor een klein aantal mensen?
- We kunnen kijken op welke wijze, met welke middelen je een recht afdwingt. Om dit te bepalen maken we een onderscheid tussen wettelijke rechten en morele rechten.
- En we kunnen ons de vraag stellen hoe zwaar een recht weegt. Daartoe maken we een onderscheid tussen algemeen erkende en ideële morele rechten.

Deze drie verschillende manieren waarop we naar rechten kunnen kijken bespreken we in deze paragraaf.

Algemene en specifieke rechten

Als we de vraag beantwoorden voor wie een recht geldt, dan maken we een onderscheid tussen algemene en specifieke rechten. We spreken van *algemene rechten* als ze niet zijn toegewezen aan aanwijsbare personen. Algemene rechten komen ieder mens toe omdat hij of zij mens is. Het bekendste voorbeeld hiervan zijn de mensenrechten die zijn vastgelegd in de Universele Verklaring van de Rechten van de Mens. De mensenrechten gelden onafhankelijk van de situatie van individuele personen voor iedereen op de hele wereld.

We spreken ook van een algemeen recht als het voor een bepaalde categorie mensen geldt. Een voorbeeld hiervan is het recht op ondersteuning door het UWV. Om hiervoor in aanmerking te komen moet je wel op zoek zijn naar een baan, maar het recht geldt wel voor iedereen die op zoek is naar een baan. Omdat iedereen in die situatie kan komen, noemen we het wel een algemeen recht.

Algemene rechten

'De eis bemind te worden, is de grootste aller arroganties.'

— Friedrich Nietzsche, 1844-1900

Specifieke rechten zijn specifiek in de zin dat ze toegewezen zijn aan een bepaalde persoon, en wel degene die een afspraak, een belofte of een contract heeft gemaakt of gesloten. In dat geval is er sprake van een relatie die
aanwijsbare personen met elkaar onderhouden. Aan deze relatie kan het
specifieke recht ontleend worden en wel op basis van de afspraak of belofte
die gemaakt is. Een toezegging van levering van goederen betekent een le-
verplicht en daardoor een recht op levering. Deze levering geldt echter alleen voor degene met wie een contract is gesloten, en niet voor anderen.
Specifieke rechten gelden dus alleen voor degenen die een vorm van afspraak (een contract of toezegging) zijn aangegaan.

**Specifieke
rechten**

Morele rechten en wettelijke rechten

We hebben gezien dat rechten opeisbaar zijn. Maar de wijze waarop je ze
op kunt eisen, verschilt nogal. We bespreken een voorbeeld om het toe te
lichten.

5

VOORBEELD 5.4

Een basisschool is geconfronteerd met een grote financiële tegenslag. In
het team van leerkrachten worden verschillende opties besproken hoe dit op
te lossen. Een voorstel van de schoolleiding lost het probleem in een keer
op: schrap van de oneven groepen de schoolreisjes dit jaar. In de discussie
hierover rijst de vraag of de kinderen recht hebben op een schoolreis.
Juf Henriëtte is van mening dat alle schoolreisjes door moeten gaan omdat
alle kinderen op een school recht hebben op een jaarlijkse schoolreis. Ze
oppert dat het goed is voor de ontplooiing van de kinderen. Hiermee benadrukt Juf Henriëtte de waarde 'ontplooiing'. Juf Gea vindt ook dat de kinderen recht hebben op een schoolreis. Ze zegt dat het schrappen van schoolreisjes onrechtvaardig zou zijn, omdat andere jaren ook iedereen op schoolreis ging en dat je de kinderen gelijk moet behandelen. Ook meester Gerto
benadrukt dat het schrappen onrechtvaardig is. Hij vindt dat óf iedereen óf
geen van de klassen op schoolreis moet, zodat je alle kinderen op school
gelijk behandelt.

In dit voorbeeld zie je dat de leerkrachten morele argumenten gebruiken om
de schoolleiding te overtuigen dat een schoolreis van de kinderen een recht
is. Een recht dat gebaseerd is op een verzameling morele uitgangspunten
noemen we een *moreel recht*.
Nu is het recht op een schoolreis niet vastgelegd in de wet. Maar veel morele rechten zijn zo algemeen geaccepteerd, dat ze in de loop der tijd zijn
vastgelegd in een systeem van wetten. Als dat het geval is, spreken we van
een *wettelijk recht*. Een moreel recht dwing je af met morele argumenten,
zoals we in het voorbeeld van het schoolreisje zagen gebeuren. Een wettelijk recht kun je afdwingen met morele argumenten, maar ook met machts-
middelen die de wet je biedt. Een voorbeeld van een wettelijk recht is het

Morele rechten

**Wettelijke
rechten**

recht op telefoonaansluiting voor Nederlandse ingezetenen. KPN is verplicht om iedereen die dat aanvraagt een vaste telefoonaansluiting te leveren, ongeacht de kosten.

VERHOUDING TUSSEN MORAAL EN RECHT

Hoe ligt nu deze verhouding tussen wetten en morele rechten? Gaan wettelijke rechten altijd boven morele rechten? En waarop is die wettigheid van wettelijke rechten gebaseerd?

Alle wetten zijn gebaseerd op gezamenlijke morele keuzes hoe we ons samenleven moeten organiseren. Deze morele keuzes zijn gemaakt door de wetgevende macht in Nederland: het parlement en de ministerraad. Dit betekent niet dat iedereen het moreel gezien eens is met alle wetten. Een voorbeeld van dit laatste is de abortuswetgeving. In Nederland heeft een vrouw de vrijheid om abortus te plegen als ze dat wil. Niet iedereen is het hiermee eens. Het wettelijk recht van vrouwen abortus te mogen plegen, houdt in dat ze in laatste instantie zelf mogen beslissen en onafhankelijk zijn van het morele oordeel, de inzichten en aanspraken van anderen. Het recht op abortus garandeert de vrijheid dat een vrouw zelf kan beslissen. Dit is een voorbeeld van een wettelijk recht dat door sommigen op morele gronden betwist wordt.

Er zijn ook voorbeelden te geven van morele rechten die door wetten juist verboden worden. Dit brengt ons op het laatste onderscheid in soorten rechten.

Algemeen erkende en ideële morele rechten

Een voorbeeld van een situatie die bij wet verboden is maar op morele gronden verdedigd wordt, is het kerkasiel dat sommige kerken bieden aan uitgeprocedeerde asielzoekers. Ook sommige gemeenten helpen uitgeprocedeerde asielzoekers terwijl de nationale overheid dit bij wet verbiedt. Redenen die de gemeenten hiervoor geven zijn bijvoorbeeld dat 'iedereen recht heeft op een dak boven zijn hoofd' en dat 'alle kinderen recht hebben op onderwijs'.

Dit recht op een huis en op onderwijs zijn voorbeelden van *algemeen erkende morele rechten*. Dit betekent dat ze berusten op de instemming van een grote meerderheid. Ze kunnen bijvoorbeeld afkomstig zijn uit de Universele Verklaring van de Rechten van de Mens. Hoewel dit soort rechten op een grote mate van erkenning door de bevolking mogen rekenen, geldt dat de erkenning ervan nog groter wordt wanneer ze ook bij wet worden vastgelegd. Immers, pas dan is het mogelijk bij niet-nakoming sancties toe te passen, hetgeen bij morele rechten veel moeilijker is.

Algemeen erkende morele rechten

REFLECTIEVRAAG
5.2 Zoek de vrijheid van meningsuiting op in de Nederlandse Grondwet. Waar staat die?

'We hold these truths to be self-evident, that all men are created equal, that they are endowed by their Creator with certain unalienable Rights, that among these are Life, Liberty and the pursuit of Happiness.'

— Tweede zin van de Amerikaanse onafhankelijkheidsverklaring uit 1776

Naast deze algemeen erkende morele rechten kunnen *ideële morele rechten* worden onderscheiden. Dit zijn morele rechten die geen brede erkenning genieten, zoals de algemeen erkende morele rechten. Het bestaansrecht van ideële morele rechten berust dus niet op algemene geldigheid en erkenning, maar alleen op hun inhoud, die er meestal door (kleine) groepen in de samenleving aan toegekend wordt. Voorbeelden van deze rechten zijn het recht om een leegstaand pand te mogen kraken, het recht op gratis software (op internet) en het recht van dieren op een menswaardig bestaan. Een voorbeeld van een recht dat twintig jaar geleden nog een ideëel moreel recht was en ondertussen via algemeen erkend moreel recht tot een wettelijk recht is omgevormd, is het recht op een rookvrije werkplek. Op dit moment is het maatschappelijk vertoog nog gaande of in de horeca ook het recht op een rookvrije werkplek moet gelden.

Ideële morele rechten

In figuur 5.1 is schematisch een totaaloverzicht gegeven van de verschillende rechten.

FIGUUR 5.1 Verschillende rechten

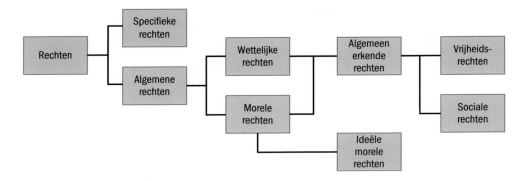

REFLECTIEVRAAG

5.3 Vraag aan je (groot)ouders hoe het vroeger ging met roken. Was het vroeger een recht om een sigaret op te mogen steken?

5.3 Verhouding tussen moraal en recht

We zagen in de vorige paragraaf dat wettelijke en morele rechten regelmatig, maar niet altijd, samenvallen. In deze paragraaf willen we de verhouding tussen wettelijke en morele rechten verder toelichten. Leidt elk moreel recht op den duur tot een wettelijk recht?

We eindigden de vorige paragraaf met voorbeelden van morele rechten die na verloop van tijd in wettelijke rechten zijn omgezet. Schematisch ziet dit proces eruit als afgebeeld in figuur 5.2.

FIGUUR 5.2 Morele rechten, omgezet in wettelijke rechten

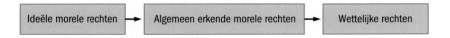

Deze route van morele uitgangspunten naar wettelijke rechten kan ook omgekeerd worden doorlopen. De wet is dan voorloper van de moraal die aan mensen opgelegd wordt. Een voorbeeld hiervan is het verbod op roken in openbare gelegenheden. Toen dit verbod bij wet geregeld werd, was het nog niet algemeen geaccepteerd. Langzamerhand krijgt deze acceptatie vorm.

Er zijn verschillende voorbeelden die duidelijk maken dat de overheid mensen een moraal oplegt door middel van wetgeving. Zo verplicht de overheid de bevolking tot het dragen van een bromfietshelm en autogordels. Het argument hiervoor is moreel, autogordels redden mensenlevens en dat is goed om te doen, maar de overheid verplicht het aan alle burgers. Overigens is in de Verenigde Staten dit morele debat anders afgelopen. Daar weegt het argument dat de overheid de vrijheid van de burger niet mag inperken zo zwaar, dat men om die reden autogordels niet verplicht wil stellen.

In dergelijke debatten, waarin de vraag is of moraal via wetgeving opgelegd moet worden aan alle burgers, komen de volgende kwesties aan de orde:

a. Het *schadebeginsel*. Dit houdt in dat de persoonlijke vrijheid beperkt mag worden als daarmee schade of letsel aan anderen voorkomen wordt. Voorbeelden zijn: maximumsnelheidsregels voor auto's, regels inzake het gebruik van alcohol in het verkeer en milieuwetten.

Schadebeginsel

b. *Paternalisme*. Dit houdt in het morele standpunt dat mensen tegen zichzelf beschermd moeten worden en dat de wetgever 'om hun bestwil' bepaald gedrag moet verbieden. Voorbeelden zijn: het verbod van gebruik en bezit van drugs en de verplichting tot het dragen van veiligheidsgordels, maar ook de verplichting tot het nemen van pauzes op het werk.

Paternalisme

c. *Moralistische wetgeving*. Hierin wordt gedrag verboden dat op geen enkele wijze de betrokkenen of de omgeving schade berokkent. Dit verbod berust op een uitgesproken morele overtuiging. Een voorbeeld is dat in sommige gemeenten in ons land elke vorm van blootrecreatie (naakt zwemmen) verboden is.

Moralistische wetgeving

Het is duidelijk dat regels die berusten op het schadebeginsel, eerder op erkenning kunnen rekenen dan regels die op paternalisme of moralisme berusten. Wettelijke regels dienen er juist voor mensen te beschermen tegen de negatieve gevolgen van het gedrag van anderen. Toch zijn er nogal wat mensen die vinden dat bepaalde groepen soms tegen zichzelf beschermd moeten worden (paternalisme). Moralistische wetgeving wordt in onze samenleving alleen bepleit door mensen die een uitgesproken gebodsmoraal aanhangen, en is in de laatste decennia grotendeels afgeschaft.

5

REFLECTIEVRAAG

5.4   Mag de overheid verbieden dat mensen een boerka dragen op straat?

5.5   Mag de overheid winkeliers verplichten om 10 eurocent voor een plastic draagtas te vragen?

5.4 **Als rechten botsen**

Een van de lastige kwesties op het terrein van 'recht' is het botsen van rechten en de vraag welke van de rechten in zo'n situatie het zwaarste weegt. We bespreken deze problematiek aan de hand van een actueel voorbeeld.

Botsende rechten

In het huidig tijdsgewricht speelt de vraag of gelovige mensen het recht kunnen claimen dat anderen hun geloof niet belasteren. Gelovigen claimen het recht om niet beledigd te worden op grond van twee artikelen uit de Grondwet (de volledige tekst van de Grondwet is als bijlage opgenomen):

Grondwet, artikel 6, lid 1
Ieder heeft het recht zijn godsdienst of levensovertuiging (…) vrij te belijden.

Grondwet, artikel 10, lid 1
Ieder heeft (…) recht op eerbiediging van zijn persoonlijke levenssfeer.

Nu zijn er tegenstanders van deze claim op een recht om niet beledigd te worden. Let wel, deze mensen vinden het niet goed om te vloeken of Jezus of Allah belachelijk te maken. Ze vinden alleen dat niemand de vrijheid ontnomen mag worden zoiets te doen. Deze tegenstanders beroepen zich óók op een recht, namelijk het recht op vrijheid van meningsuiting, dat ook in de Grondwet staat, maar wel minder expliciet:

Grondwet, artikel 7, lid 1
Niemand heeft voorafgaand verlof nodig om door de drukpers gedachten of gevoelens te openbaren.

Tegenstanders van het verbod op belediging wijzen erop dat het recht op vrijheid van meningsuiting van grotere waarde is dan het recht van gelovigen gevrijwaard te blijven van beledigingen. Maar waarom zou het ene recht zwaarder moeten wegen? Op grond waarvan maak je deze afweging?

Laten we nog een voorbeeld bekijken.

Een ander voorbeeld van botsing van rechten is de vrijheid van onderwijs en de vrijheid van godsdienst die confessionele schoolbesturen bijvoorbeeld de mogelijkheid geeft homoseksuele leerkrachten een aanstelling op hun school te weigeren of hen in bepaalde gevallen zelfs te ontslaan. Dit botst met het grondrecht dat mensen niet op basis van seksuele geaardheid gediscrimineerd mogen worden. Dit grondrecht ligt vast in artikel 1 van de Grondwet:

Grondwet, artikel 1
Allen die zich in Nederland bevinden, worden in gelijke gevallen gelijk behandeld. Discriminatie wegens godsdienst, levensovertuiging, politieke gezindheid, ras, geslacht of op welke grond dan ook, is niet toegestaan.

De vrijheid van onderwijs wordt geregeld in artikel 23:

Grondwet, artikel 23, lid 2
Het geven van onderwijs is vrij, behoudens het toezicht van de overheid.

Grondwet, artikel 23, lid 5
De eisen van deugdelijkheid, aan het geheel of ten dele uit de openbare kas te bekostigen onderwijs te stellen, worden bij de wet geregeld, met inachtneming, voor zover het bijzonder onderwijs betreft, van de vrijheid van inrichting.

Grondwet, artikel 23, lid 6
Deze eisen worden voor het algemeen vormend lager onderwijs zodanig geregeld, dat de deugdelijkheid van het geheel uit de openbare kas bekostigd bijzonder onderwijs en van het openbaar onderwijs even afdoende wordt gewaarborgd. Bij die regeling wordt met name de vrijheid van het bijzonder onderwijs betreffende de keuze der leermiddelen en de aanstelling der onderwijzers geeerbiedigd.

In de laatste zin van artikel 23, lid 6 staat heel helder dat het bijzonder onderwijs het recht heeft zelf haar personeel aan te stellen en te ontslaan.

Het probleem dat in deze twee voorbeelden naar voren komt, is dat grondrechten gelijkwaardig aan elkaar zijn en toch met elkaar kunnen botsen. Zoals wel duidelijk zal zijn, is er op dit moment een maatschappelijk vertoog
gaande over deze situaties waarin grondrechten naar verschillende oplos-
singsrichtingen wijzen.

REFLECTIEVRAAG
5.6   Hoe ben jij onderdeel van dit maatschappelijk vertoog? Wat is je
        standpunt en hoe maak je het duidelijk?

Vuistregels wanneer rechten botsen
Als er sprake is van verschillende soorten rechten, zijn er wel degelijk vuistregels te formuleren om aan te geven welk recht voorrang zou moeten hebben. Deze vuistregels moeten echter met de nodige voorzichtigheid gehanteerd worden. Ze vormen namelijk niet meer dan een richtlijn en fungeren
slechts als hulpmiddel voor een morele keuze om een recht te laten preva-
leren. Het gaat om de volgende vuistregels:
a Algemene rechten gaan boven specifieke rechten.
b Wettelijke rechten gaan boven morele rechten.
c Algemeen erkende morele rechten gaan boven ideële morele rechten.
d Vrijheidsrechten gaan boven sociale grondrechten.

'Een man die het heel druk heeft, verandert zelden van mening.'

— Friedrich Nietzsche, 1844-1900

De vuistregel voor algemene en specifieke rechten is gebaseerd op de
vraag hoeveel mensen aanspraak op dat recht kunnen doen. Een recht van
meer mensen telt zwaarder dan een recht van een enkeling.
De vuistregels voor wettelijke en morele rechten en voor algemeen erkende
morele rechten en ideële morele rechten zijn gebaseerd op de mate van erkenning ervan. Wettelijke rechten en algemeen erkende morele rechten worden breder geaccepteerd.
De regel voor vrijheidsrechten en sociale rechten ten slotte berust op de
soort vrijheid die het recht beschermt. Een vrijheidsrecht, zoals het recht op
privacy, beschermt de *vrijheid van* mensen, terwijl een sociaal recht als het
recht op onderdak een *vrijheid tot* van mensen beschermt. En zoals we in
hoofdstuk 4 hebben gezien is een *vrijheid van* vaak belangrijker voor een
goed leven dan een *vrijheid tot*.

Samenvatting

▶ Rechten beschermen vrijheden van mensen. Het zijn normen die anderen verplichten iets voor jou te doen. Rechten kunnen geformuleerd zijn als:
- grondwet
- gewone wetten
- morele normen

▶ Als rechten botsen, moet er een keuze gemaakt worden welke vrijheid het belangrijkst is. Dit gebeurt in een maatschappelijk vertoog.

'Hou jij van jezelf?'

Ieder mens
is uniek.

6

Rechtvaardigheid

In hoeverre ben je gelijk aan anderen?
Krijg je wat je toebehoort?
Wat is eerlijk?
In hoeverre ben je ongelijk aan anderen?
Wat verdien je?
Mag je altijd meebeslissen?

In dit hoofdstuk staat de morele waarde 'rechtvaardigheid' centraal. Het is een waarde die diep in ons denken verankerd zit. Kinderen, sporters, zelfs ouden van dagen van wie we wat meer bezinning verwachten, begrijpen heel snel wanneer iets 'niet eerlijk' is en zeggen dat dan ook. Verontwaardiging, de morele emotie bij uitstek, speelt het snelst op als de waarde 'rechtvaardigheid' in het geding is.
Voor veel mensen is het essentieel dat ze rechtvaardig behandeld worden. Daarmee kunnen ze bedoelen dat mensen gelijk worden behandeld. Maar ze kunnen ook bedoelen dat er dingen eerlijk verdeeld worden. Bij het begrip rechtvaardigheid kan het dus om verschillende zaken gaan. In dit hoofdstuk maken we een onderscheid tussen drie verschillende aspecten van rechtvaardigheid: rechtvaardige behandeling, rechtvaardige verdeling en rechtvaardige procedures, die we elk in een afzonderlijke paragraaf zullen behandelen.

6.1 Rechtvaardige behandeling

De waarde 'rechtvaardigheid' komt aan de orde zodra macht een rol speelt in de omgang tussen mensen. Een collega die omdat hij jarig is geweest trakteert op het werk, maar alleen zijn vrienden iets geeft, is een heel vervelende collega, maar geen onrechtvaardige collega. Rechtvaardigheid komt pas in het geding als de baas van de afdeling alle mannen tien procent meer loon geeft. Dat noemen we onrechtvaardig. Onrechtvaardig noemen we ook:

- als twee klassen hetzelfde tentamen maken, maar één klas meer colleges heeft gehad
- als de fooienpot van het restaurant alleen verdeeld wordt onder het vaste personeel
- als een interne vacature in een organisatie niet bekend wordt gemaakt, maar onderhands wordt ingevuld
- als niet iedereen mag meebeslissen over een zaak die iedereen in gelijke mate aangaat

Gelijkwaardigheid

Rechtvaardigheid heeft alles te maken met gelijkwaardigheid van mensen. Nu weet iedereen dat alle mensen ongelijk zijn. Geen mens is gelijk, daarom neem je voor je vrienden ook verschillende verjaarscadeautjes mee. Wat de voorbeelden echter laten zien is dat het bij rechtvaardigheid gaat om gelijkheid *binnen een structuur* waarin macht een rol speelt. Voorbeelden van zulke structuren zijn: de Nederlandse wet, de organisatie waar je werkt, je sportvereniging of het gezin waarin je opgroeit. Voor al deze structuren geldt: mensen dienen gelijk behandeld te worden en gelijke kansen te hebben. Dit principe is zo belangrijk dat het het eerste artikel is van de Nederlandse Grondwet:

Grondwet, artikel 1
Allen die zich in Nederland bevinden, worden in gelijke gevallen gelijk behandeld. Discriminatie wegens godsdienst, levensovertuiging, politieke gezindheid, ras, geslacht of op welke gronden dan ook, is niet toegestaan.

Rechtvaardige behandeling

Het belangrijkste aspect van rechtvaardigheid is het principe dat mensen gelijkwaardig zijn aan elkaar en dat het slecht is om mensen ongelijk te behandelen. Rechtvaardige behandeling betekent in eerste instantie recht doen aan deze *fundamentele gelijkwaardigheid* van mensen. Dit betekent niet dat iedereen precies gelijk behandeld moet worden, maar wel dat er goede redenen moeten zijn om mensen verschillend te behandelen. Redenen die bij voorbaat uitgesloten zijn om mensen ongelijk te behandelen zijn vastgelegd in algemene rechten of *grondrechten*.

Erkenning grondrechten

Het erkennen van grondrechten is een tweede voorwaarde voor rechtvaardige behandeling. Grondrechten zijn vastgelegd in de Grondwet en in de Universele Verklaring van de Rechten van de Mens. Deze rechten beschermen de menselijke waardigheid en mensen mogen eisen dat met die rechten rekening wordt gehouden.

'Ieder mens is uniek.'

— Prof. H. Galjaard, hoogleraar genetica

Wanneer mensen ongelijk worden behandeld, dan moeten er goede gronden voor worden aangegeven, wil zo'n ongelijke behandeling rechtvaardig zijn. De gronden voor een ongelijke behandeling kunnen liggen in het feit dat mensen bepaalde rechten hebben verworven die niet voor anderen gelden. Wanneer een werkgever bijvoorbeeld bepaalde afspraken maakt met een van zijn werknemers ten aanzien van verlof vanwege het verzorgen van een zieke vader, dan is er sprake van een individuele afspraak die alleen voor die werknemer geldt en niet voor zijn collega's. We noemen zo'n individuele afspraak die voor een iemand geldt een *specifiek recht*. Mensen kunnen dus ongelijk worden behandeld, terwijl het toch rechtvaardig is. Het erkennen van specifieke rechten is een derde voorwaarde van rechtvaardige behandeling.

Erkenning specifieke rechten

REFLECTIEVRAAG
6.1   Ben jij gelijk aan de klasgenoot naast je? In welk opzicht wel, in welk opzicht niet?

6.2   Rechtvaardige verdeling

Het begrip rechtvaardigheid komt ook vaak naar voren als er zaken verdeeld moeten worden. Het komt er vaak op aan materiële zaken (geld en goederen), maar ook immateriële zaken als kansen en mogelijkheden, 'eerlijk' te verdelen. Wat dan eerlijk is, is een vraag van rechtvaardige verdeling.
Bij rechtvaardige verdeling gaat het om de vraag in hoeverre de ongelijkheid tussen mensen gevolgen heeft voor het verdelen van zaken. Hebben studenten met dyslexie recht op langere tentamentijd omdat ze slecht kunnen lezen? En studenten voor wie Nederlands een tweede taal is, hebben die ook recht op extra tentamentijd? Dit zijn vragen die gaan over rechtvaardige verdeling van zaken, in dit geval tentamentijd.
In het dagelijks leven zien we heel veel verdelingsvraagstukken. Denk maar aan zitplaatsen in de trein, een WAO-uitkering voor mensen die gedeeltelijk arbeidsongeschikt zijn, reiskostenvergoeding voor medewerkers van een hogeschool of een collegerooster waarin de uren mooi opeenvolgen voor een klas.

In al deze gevallen moeten er zaken verdeeld worden en de vraag is: hoe? Voorbeelden van manieren van verdelen zijn:
- 'wie 't eerst komt, wie 't eerst maalt'
- loten
- iedereen een gelijk stukje

Maar het zou onrechtvaardig zijn, om niet te zeggen onnozel, om extra tentamentijd te verdelen op een van deze drie manieren. Dit doet geheel geen recht aan de behoefte van studenten met dyslexie, en aan de gelijkheid van alle anderen. Het is dus zaak om een manier van verdelen te vinden die recht doet aan de ongelijkheid en dan ook nog in de juiste mate en op de juiste wijze. We noemen zo'n manier van verdelen een rechtvaardig principe van verdeling.

De gedachten van de superieure mens zijn vertrouwd met rechtvaardigheid; de gedachten van de middelmatige mens zijn vertrouwd met opbrengst.

— Chinees spreekwoord

Ieder het zijne

Bij rechtvaardige verdeling is de algemene voorwaarde: *ieder het zijne* geven, ofwel gelijk toebedelen in zoverre mensen gelijk zijn en ongelijk toebedelen in de mate waarin mensen ongelijk zijn. Nu is niemand aan een ander gelijk. Het gaat er natuurlijk om dat mensen in relevante opzichten gelijk zijn. Wat zijn nu relevante verschillen tussen mensen? Wanneer moeten we mensen als gelijk of als ongelijk beschouwen? Om deze vraag te beantwoorden zijn *inhoudelijke verdelingsprincipes* nodig, waarbij we kunnen uitgaan van het gelijkheidsprincipe en van het ongelijkheidsprincipe van verdeling. Hier gaan we nader op in.

Inhoudelijke verdelingsprincipes

Het gelijkheidsprincipe van verdeling

Strikt gelijke verdeling

Als er in een verdelingsvraagstuk van uit wordt gegaan dat mensen gelijk zijn aan elkaar, dan passen we het principe van *strikt gelijke verdeling* toe. Het principe van strikt gelijke verdeling berust op de overtuiging dat mensen fundamenteel gelijk zijn en dat dit ook goed is. Mensen zijn volgens dit principe gelijk, zonder onderscheid des persoons en ongeacht hun situatie. Bij de verdeling van lusten en lasten, kansen en rechten wordt ieder strikt gelijk behandeld.

Voorbeelden van toepassing van dit principe zijn:
- Bij de verdeling van de taart krijgt ieder een even groot stuk.
- Een klas gaat loten om te bepalen wie er groepsvertegenwoordiger wordt.

Verdelingskwesties zijn soms echter gecompliceerder dan ze op het eerste gezicht lijken bij de toepassing van dit verdelingsprincipe. In de twee genoemde situaties kunnen zich bijvoorbeeld de volgende problemen voordoen: Bij de verdeling van de taart hebben enkele mensen grote trek, terwijl anderen net hebben gegeten. En in het tweede voorbeeld kunnen sommige studenten zichzelf helemaal niet geschikt achten om groepsvertegenwoordiger te zijn.

In deze twee situaties doet de strikt gelijke verdeling geen recht aan de ongelijkheid tussen betrokkenen. De hongerige verjaardagsgasten hebben nog steeds honger. Misschien is de ongelijkheid zelfs nog toegenomen. Het probleem zit dan ook in de visie op de bestaande situatie. De mensen zijn wel gelijkwaardig, maar meestal zijn ze niet gelijk in talenten, kennis, eetlust, enzovoort. Het kan rechtvaardig zijn om juist met deze ongelijkheid rekening te houden.

Tijdelijk ongelijke verdeling

In sommige gevallen wordt deze ongelijkheid in de (start)situatie van mensen onwenselijk gevonden en wil men hierin verandering aanbrengen. Hiervoor past men dan een *tijdelijk ongelijke verdeling* toe, met het doel gelijkheid te bevorderen. Een rechtvaardige verdeling is dan die ongelijke verdeling die op termijn het meest de gelijkheid tot resultaat heeft. Pas wanneer de ongelijkheden van de beginsituatie zijn rechtgetrokken, kan een strikt gelijke verdeling worden toegepast.

Dit principe wordt veelal gehanteerd voor die groepen in de samenleving die een achterstandspositie hebben op maatschappelijk gebied. Dit inhoudelijke principe van rechtvaardige verdeling ligt vaak ten grondslag aan pleidooien voor *positieve actie*. Zo treft men vaak in personeelsadvertenties aan 'bij gelijke geschiktheid geven wij de voorkeur aan iemand uit een minderheidsgroepering'. Hiermee geeft een organisatie aan dat men graag een meer gelijke verdeling van medewerkers over verschillende bevolkingsgroepen wil bereiken. Maar dat gebeurt wel binnen de morele eis dat geschiktheid voor de functie het belangrijkste criterium is.

Positieve actie

Het ongelijkheidsprincipe van verdeling

De ongelijkheid van mensen kan echter ook van dien aard zijn, dat je zaken echt ongelijk wilt verdelen. Je gebruikt dan principes van *ongelijke verdeling*. Dit kan op drie manieren:

Ongelijke verdeling

1 verdeling naar verworven rechten
2 verdeling naar verdienste
3 verdeling naar behoefte

Ad 1 Verdeling naar verworven rechten
Er zijn afspraken gemaakt op grond waarvan mensen ergens recht op hebben. Het gaat bij een ongelijke verdeling naar *verworven rechten* om bijzondere aanspraken bij de verdeling van lusten, lasten en kansen. Deze aanspraken kunnen wel, maar hoeven niet wettelijk te zijn vastgelegd. In dit laatste geval worden deze aanspraken in ieder geval algemeen onderschreven en geaccepteerd; er is consensus over.

Verworven rechten

Dit verdelingsprincipe gaat uit van de ongelijkheid tussen mensen. Sommigen hebben wél recht op iets, anderen niet. Een voorbeeld van verworven rechten is het recht op bijzondere vergoedingen binnen een bedrijf of het recht op extra studietijd voor bepaalde studies (bijvoorbeeld ingenieursopleidingen die vijf jaar duren). Verdelen volgens verworven rechten is rechtvaardig zolang aanspraken op die rechten algemeen onderschreven worden. Aantasting van die rechten zou dan onrechtvaardig zijn. Als deze rechten wettelijk zijn vastgelegd, is deze aantasting zelfs onrechtmatig. Verdelen op basis van verworven rechten is gericht op het handhaven van de bestaande situatie, dus niet op verandering. Verworven rechten hebben echter geen eeuwigheidswaarde. Wanneer de omstandigheden veranderen, kunnen ook de in het verleden verworven rechten veranderen. Als verworven rechten worden aangetast, moet de nieuwe verdeling op andere principes van rechtvaardigheid berusten.

Ad 2 Verdeling naar verdienste
Mensen verschillen in prestatie die ze leveren en daarom wil je ze ongelijk zaken toebedelen. Uitgangspunt bij dit principe is de handelende persoon die zich voor iets inspant. De *verdienste* of prestatie van iemand op een bepaald terrein, levert een gerechtvaardigde claim op bij een verdeling. Dit principe wordt veelal gehanteerd bij verdelingsvraagstukken op economisch terrein. In dat geval is verdeling namelijk gericht op de opbrengst van goederen en diensten die eerst geproduceerd moeten worden. Wie betere of grotere prestaties heeft geleverd bij het tot stand brengen van de producten of diensten, wordt beter beloond. Mensen zijn dus ongelijk in de zin dat sommigen in staat zijn om betere prestaties te leveren dan anderen en daarom

Verdienste

6

beter beloond worden. Het principe 'verdeling naar verdienste' heeft tot doel deze ongelijkheid in stand te houden. Voorbeelden van deze manier van belonen vindt men bij allerlei vormen van stukloon. Dit verdelingsprincipe ligt ook aan het zogenoemde prestatieloon ten grondslag.

Bij de verdeling naar verdienste kan het behalve om verdienste naar de bijdrage aan een gezamenlijk product ook gaan om verdienste naar de verantwoordelijkheid. Hoe groter de verantwoordelijkheid van iemand in een arbeidsorganisatie is, hoe groter haar of zijn verdienste voor het resultaat is. Het aandeel bij de verdeling van de opbrengst zal daarmee in overeenstemming moeten zijn. Dit gebruik van het principe 'verdeling naar verdienste' is algemeen aanvaard en komt veel voor. Ook voor deze uitwerking van het principe geldt weer: mensen hebben een ongelijke bijdrage aan het bedrijfsresultaat. Sommigen mogen volgens dit principe dan ook een groter deel krijgen bij de verdeling dan anderen.

Ad 3 Verdeling naar behoefte
Mensen verschillen in behoeften die ze hebben, en daarom wil je zaken ongelijk toebedelen. Bij het principe 'verdeling naar behoefte' staat in eerste instantie de mens als ontvanger centraal; sommige mensen ontvangen meer dan andere om in hun *behoeften* te voorzien. Ook hier speelt dus weer de ongelijkheid tussen mensen. Laten we enkele voorbeelden bekijken.

Behoeften

Een eerste benadering van verdeling naar behoefte vinden we terug in het Nederlandse kinderbijslagstelsel. Deze bijslag wordt toegekend aan mensen die extra uitgaven moeten doen omdat ze een of meer kinderen hebben. Door sommigen wordt zelfs gepleit voor inkomensafhankelijke kinderbijslag, omdat de behoefte aan dergelijke financiële steun bij mensen met lage inkomens groter is dan bij mensen met een hoger inkomen. Volgens deze redenering gaat het om een principe van ongelijke verdeling met als doel gelijkheid te bevorderen, zoals hiervoor behandeld. Dit is steeds de bedoeling van een verdeling naar behoefte.

Bij de ongelijke verdelingen hebben we tot nu toe lusten en gunsten verdeeld. Maar hoe zit het als er lasten verdeeld moeten worden? Hoe 'verdeel' je belasting of overuren? Welnu, je kunt lasten volgens dezelfde principes verdelen als lusten. Soms wordt een strikt gelijke verdeling gehanteerd, bijvoorbeeld een afdeling die overuren moet maken om een productiedoel te realiseren. In zo'n situatie wordt er vaak voor gekozen om 'met zijn allen' over te werken.

Veel vaker worden lasten verdeeld naar draagkracht. De sterkste schouders dragen dan de zwaarste lasten. Het Nederlandse belastingstelsel is op die wijze ingericht.

REFLECTIEVRAAG
6.2 Een student kopieert dit boek zodat Noordhoff Uitgevers geen omzet en de auteur geen copyrights krijgt. In welk opzicht heeft dit te maken met rechtvaardigheid? Leg uit.

6.3 Rechtvaardige procedures

RECHTVAARDIGE VERDELING ÉN PROCEDURE

Tot nu toe is aandacht besteed aan principes van rechtvaardige behandeling en van rechtvaardige verdeling. Hiermee is nog niet elke betekenis van rechtvaardigheid besproken. Soms schuilt rechtvaardigheid in het toepassen van de juiste procedures om tot beslissingen te komen. Daar kijken we in deze paragraaf naar.

Een rechtvaardige procedure wil zeggen een procedure waarin op een goede wijze een besluit tot stand is gekomen. De rechtvaardigheid zegt niets over de inhoud van het besluit, het gaat alleen over de wijze waarop is besloten. De manier waarop wordt besloten kan in twee aspecten variëren:
1 Heeft iedereen inspraak die inspraak behoort te hebben?
2 Is de juiste informatie gebruikt?

Ad 1 Heeft iedereen inspraak die inspraak behoort te hebben?
Wie er inspraak heeft in een besluit hangt af van grondrechten, specifieke rechten en morele verwachtingen. In veel gezinnen bijvoorbeeld is het gebruikelijk dat jarige kinderen mogen bepalen wat er die dag gegeten wordt. Dit is een morele verwachting, een moreel recht kun je zeggen. Afwijken van deze procedure is onrechtvaardig, ongeacht de beslissing die er valt. Als Anja op haar verjaardag altijd poffertjes wil eten, dan kun je niet zonder haar te vragen alvast poffertjes gaan bakken. De procedure is immers dat de jarige mag beslissen.
Soms mag iedereen meepraten (democratisch) en soms juist niemand. Een rechtvaardige procedure is bijvoorbeeld dat alle belanghebbenden inspraak hebben. Dit kan gebeuren in de vorm van een democratische procedure. Het kan echter ook juist heel rechtvaardig zijn om belanghebbenden juist geen inspraak in de beslissing te geven.

Democratische procedure

Ad 2 Is de juiste informatie gebruikt?

In rechtszaken mag alleen 'wettig bewijs' gebruikt worden. Dat wil zeggen dat een verdachte alleen veroordeeld mag worden als het bewijs op de juiste wijze is verkregen. Is dit niet het geval, dan gaat de verdachte vrijuit, ook al is het bewijs waar.

Dit voorbeeld geeft aan dat informatie uit de juiste bron moet komen en dat het anders niet geldig is.

Bij sollicitatieprocedures bijvoorbeeld, is men erg precies in procedures teneinde alle sollicitanten gelijke kansen te geven. Zo hoedt men ervoor dat leden van de sollicitatiecommissie contact hebben met sollicitanten. Soms is de procedure zo dat er een mogelijkheid is om per e-mail vragen te stellen over de vacature. Het antwoord op een vraag van een van de sollicitanten wordt dan aan alle sollicitanten beschikbaar gesteld. Zodat ze allen over dezelfde informatie beschikken. Dit zijn voorbeelden van rechtvaardige procedures. Het is zaak om die procedures te kiezen die passen bij de principes 'rechtvaardige verdeling en behandeling'. In het geval van de sollicitatie is dit bijvoorbeeld dat iedereen dezelfde informatie heeft.

Bij de methode van verdeling moet ervoor worden gezorgd dat het gekozen principe ook wordt gerealiseerd. Wanneer het principe van strikt gelijke verdeling geldt voor de verdeling, dan is het de bedoeling dat bijvoorbeeld iedereen in de bediening een even groot deel van een fooienpot krijgt. Een goede manier om dit resultaat inderdaad te bereiken is bijvoorbeeld met z'n allen van het geld uit eten te gaan.

Bij een verdeling volgens een van de ongelijkheidprincipes is het van belang dat nauwkeurig wordt vastgesteld wat precies bedoeld wordt en welke verschillen relevant zijn. Een goed voorbeeld is beloning naar verdienste. Dit principe is toepasbaar bij stukwerk, waar de beloning wordt gekoppeld aan het geproduceerde aantal eenheden. Cruciale voorwaarde is dat je goed kunt tellen hoeveel stuks iedereen geproduceerd heeft. In veruit de meeste arbeidssituaties is dit niet mogelijk en levert het principe van verdeling naar verdienste onduidelijkheid op.

In figuur 6.1 is de inhoud van dit hoofdstuk schematisch weergegeven.

REFLECTIEVRAAG

6.3   Wat was bij jullie thuis de procedure om te beslissen waar de vakantie heen zou gaan?

FIGUUR 6.1 Criteria voor rechtvaardigheid

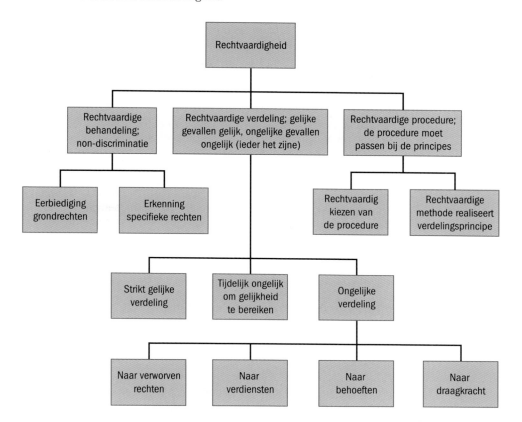

Samenvatting

▶ Het woord rechtvaardigheid kan in drie betekenissen gebruikt worden:
  • Het kan slaan op de behandeling van mensen; of ze gelijk worden behandeld.
  • Het kan slaan op verdeling van lusten en lasten; of iedereen het zijne krijgt.
  • Het kan slaan op procedures; of de juiste mensen op basis van de juiste informatie hebben besloten.

▶ Rechtvaardige behandeling bestaat in:
  • een erkenning van grondrechten
  • een erkenning van specifieke rechten van mensen

▶ Rechtvaardige verdelingen kunnen inhouden:
  • strikt gelijke verdelingen
  • tijdelijk ongelijke verdelingen met als doel meer gelijkheid te realiseren
  • een ongelijke verdeling

▶ Zo'n ongelijke verdeling kan dan gebaseerd zijn op een verdeling naar:
  • verworven rechten
  • verdiensten
  • behoeften van mensen

'Wat verdien je?'

Schrijf niet toe

aan

boosaardigheid

wat je door

domheid kunt

verklaren.

7

Integriteit en normatieve professionaliteit

Herken jij morele vragen?
Welke argumenten gebruik je dan?
Pak jij door als het moet?
Kun je je verlies nemen?
Word jij wie je bent?
Ben jij uit één stuk?

In de eerste zes hoofdstukken hebben we uiteengezet wat je aan het doen bent als je moreel oordeelt en we legden uit wat sterke argumenten zijn voor een morele keuze. Deze argumenten vatten we samen onder de noemers normen, waarden en deugden. Met deze morele argumenten kunnen we een oordeel en een gedragskeuze beter onderbouwen. Maar betekent dit dat we daarmee goede mensen zijn? Neen, want zoals Elsschot al dichtte:

'tussen droom en daad staan wetten in de weg en praktische bezwaren'

— *Het huwelijk*, Willem Elsschot

Als je kunt uitleggen wat moreel goed is om te doen, heb je het daarmee nog niet gedaan! De argumenten kennen voor een verantwoorde keuze is nog geen garantie dat de morele keuze ook uitgevoerd wordt. Daarvoor is meer nodig.
In dit hoofdstuk onderzoeken we wat er nodig is om de kloof tussen het-goede-kennen en het-goede-doen te overbruggen, om van argumenten tot gedrag te komen. We noemen de ideale situatie 'integriteit'. In paragraaf 7.1 beschrijven we de sprong van morele argumenten naar moreel gedrag, vervolgens onderzoeken we de componenten van integriteit in paragraaf 7.2. In paragraaf 7.3 kijken we naar het resultaat van dit alles en geven het de naam 'normatieve professionaliteit'.

INTEGRITEIT IS PRESTEREN NAAR EIGEN NORMEN

7.1 Moreel gedrag en integriteit

Wat moet er allemaal gebeuren voordat mensen moreel verantwoord gedrag gaan vertonen? We bespreken een model waarmee we weer kunnen geven wat een mens moet kunnen voordat hij of zij zich moreel kan gedragen. We noemen dit de voorwaarden voor moreel gedrag. Maar eerst zetten we deze voorwaarden uiteen aan de hand van een voorbeeld.

VOORBEELD 7.1
Jaren terug trainde ik personeel van een groothandel in hout, laten we hem DEWI noemen, die ongeveer het volgende had meegemaakt. De kwestie speelt begin jaren tachtig van de vorige eeuw.
Er werd sinds kort geïmpregneerd tropisch hardhout aangevoerd dat goed verkocht werd in doe-het-zelfzaken in Nederland. De productiewijze van het hout was als volgt. In Indonesië werd het hout gekapt en tot planken en balken gezaagd. Daarna werd het hout in impregneervloeistof gedompeld. Deze vloeistof gaat voor enkele jaren de groei van schimmel tegen op het hout. De impregneervloeistof is zwaar giftig (en nu al jaren verboden in Nederland).
De natte planken en balken worden in een waterdichte zeecontainer geladen en verscheept naar Rotterdam en daarna naar de houthandel vervoerd. Al dit vervoer kon in totaal wel zes maanden in beslag nemen, en in die tijd was de impregneervloeistof mooi in het hout getrokken. Als de zeecontainer op het opslagterrein van de houthandel stond, hees een medewerker zich in een beschermend pak met zuurstofmasker en laadde met een heftruck de balken uit de container. Vaak lekte er nog een bruingroenig schuim van de balken. De balken werden afgesproeid met een tuinslang en stonden dan een paar weken te drogen om daarna naar de detailhandel te gaan.

Op een dag zag Marcel Goemans, de kwaliteitsmedewerker, dat er vingeraf-drukken 'op' het hout stonden. Klaarblijkelijk had in Indonesië iemand de balken met blote handen in de giftige impregneervloeistof gedompeld en daarna in de container geladen. Het waren bovendien afdrukken van onge-handschoende kinderhanden. De kwaliteitsmedewerker voelde zich hier heel ongemakkelijk onder. Er was aan de andere kant van de wereld een kind be-zig met levensgevaarlijk werk. Met een bezwaard gemoed kaartte hij het aan bij Henri, een oudere medewerker in de loods: 'Zeg heb je gezien dat er kin-derhanden op de balken staan in die giftige impregneervloeistof?'
'Ja, vervelend is dat', antwoordde Henri. 'Nu moeten al die balken weer over de schaafbank om die verkleuringen eraf te krijgen...'

'Je gaat het pas zien als je het door hebt.'

— Johan Cruijff

Henri 'ziet' niet waarover Marcel Goemans zich druk maakt. Hij voelt niet aan dat Marcel het vervelend vindt dat een kind ziek wordt door het werken aan hun product. Het is ook duidelijk dat Henri geen probleem 'ziet' in het feit zelf dat kinderen in Indonesië levensgevaarlijk werk doen. Wat Marcel wel heeft en Henri niet, noemen we *morele intuïtie*. We bespraken dit begrip al in paragraaf 1.1. Morele intuïtie is het besef dat er moreel iets aan de hand is. In dit voorbeeld het besef dat er moreel iets van Marcel en Henri gevraagd wordt in deze situatie. We hebben het niet over de vraag of een houthandel in Nederland een verantwoordelijkheid heeft voor arbeidsom-standigheden bij een toeleverancier in een ander land. Los van die vraag kun je het immoreel vinden dat men in Indonesië kinderen dit werk laat doen. Dat is de positie van Marcel. Maar Henri komt hieraan helemaal niet toe. Hij 'ziet' het probleem niet, hij herkent het niet. Zijn morele intuïtie is onvoldoende ontwikkeld. Marcel maakt zich echter wel degelijk druk.

Morele intuïtie

7

VOORBEELD 7.1 (VERVOLG)
Onderweg naar huis piekert Marcel over de situatie en het wordt hem duide-lijk waarom hij zich zo rot voelt. Er gaan daarginds kinderen dood omdat de tussenhandelaar zo nodig goedkope arbeidskrachten wil inzetten die niet zeuren over gevaarlijk werk. Dat dit immoreel is, staat buiten kijf. In Neder-land zouden we nooit zo werken. De vraag is of DEWI de plicht, de verant-woordelijkheid, heeft te proberen hier iets aan te doen. De vraag die Marcel zichzelf stelt luidt: *Moet DEWI actie ondernemen richting de Indonesische groothandel om deze praktijken te proberen te beëindigen?*
Thuisgekomen zet hij de *morele argumenten* voor en tegen een *morele verplichting* op een rij.

MORELE VERPLICHTINGEN

Voor een morele plicht tot actie	Tegen een morele plicht tot actie
Je behoort altijd te proberen het leven van een kind te redden (norm).	DEWI is niet verantwoordelijk voor de arbeidsomstandigheden bij haar handelspartners (smoes).
Als je kennis hebt van zeer immorele situaties, moet je je uitspreken (norm).	DEWI behoort zijn aandacht louter te richten op winst maken voor haar aandeelhouders (norm).
	DEWI moet zich niet met andermans zaken bemoeien (deugd).

De argumenten overziend, realiseert Marcel zich dat er natuurlijk ook nog *niet-morele argumenten* zijn in deze vraag. Het gaat ook gewoon om geld. Als je actie onderneemt, kan het je geld kosten. Marcel bedenkt echter dat het je wellicht ook geld kan opleveren. Dat zijn dus argumenten voor en tegen actie in deze kwestie.

BELANGEN

Voor een morele plicht tot actie	Tegen een morele plicht tot actie
Als deze werkwijze verboden wordt, heeft DEWI alvast een competitief voordeel omdat ze er al mee werkt.	Het kan DEWI geld gaan kosten als de toeleverancier zegt: 'Als we niet zo met kinderen mogen werken, wordt ons hout wel duurder.'
Als het publiekelijk bekend wordt dat DEWI producten levert die met levensgevaarlijke kinderarbeid worden geproduceerd, kan dit veel schade aan het bedrijf opleveren (kopersstakingen en onrust onder het personeel).	

Marcel vat de argumenten samen in een memo dat hij naar het hoofd inkoop Astrid Rijerse stuurt, die ook zijn leidinggevende is. De volgende dag loopt hij even langs bij Astrid om te vragen of ze het memo gelezen heeft en wat ze ervan vindt. In het gesprek blijkt direct dat Astrid ook geschrokken is van de situatie. Ze vindt het allemaal 'heel naar'. 'Verschrikkelijk, die arme kindertjes', zegt ze. Maar op Marcels voorstel om de kwestie op de agenda van een directieteamvergadering te zetten, is Astrid terughoudend. 'Ho even,' zegt ze, 'ik weet niet of dat mijn taak is hoor. Het is wel erg, maar wij hebben daar niets mee van doen, wat onze leverancier daar uitvreet.' 'Nee, maar we kúnnen er wel iets aan doen', antwoord Marcel Goemans. 'En in deze situatie vind ik dat we dat moeten. We hebben het niet over de kwaliteit van de kantine daar. We hebben het over de levens van kinderen die op het spel staan. Ik vind dat je daar altijd voor in actie moet komen, los van de vraag of je er iets mee van doen hebt.'
Hierop is Astrid even stil, waarna ze toegeeft: 'Ja, dat is eigenlijk ook wel zo. Daar heb je wel gelijk in, dat je je voor het leven van een kind altijd uit moet spreken, redelijkerwijs gesproken. Maar ik weet niet of ik hier mijn handen aan wil branden hoor. Ik zit nu een half jaar in het directieteam, en ben nog niet in de positie dat ik echte discussiepunten naar voren kan brengen. Ze zien me aankomen! Nee, het risico is veel te groot dat ik afgebrand word.

Het is allemaal heel zielig voor die kinderen, echt waar, dat vind ik ook, en als ik het voor het zeggen had bij DEWI gingen we zeker om tafel zitten met die leverancier, maar ik durf er niet mijn positie in het directieteam voor op het spel te zetten.'
'Oh, nou misschien moet ik dat dan maar doen', reageert Marcel Goemans.

We zien in dit voorbeeld dat Marcel Goemans de argumenten goed op een rij heeft. Hij weet van zichzelf waaróm hij vindt dat DEWI iets moet ondernemen. Doordat hij dit goed onder woorden kan brengen, kan hij zijn leidinggevende, Astrid Rijerse, goed te woord staan en is hij in staat haar te overtuigen. We noemen deze vaardigheid *morele oordeelsvorming*. Morele oordeelsvorming betekent dat je in staat bent bij jezelf na te gaan wat de doorslaggevende reden is waarom je een oordeel hebt én dat je in staat bent deze morele redenen in de vorm van argumenten onder woorden te brengen.

Morele oordeelsvorming

Zoals we in dit voorbeeld zien, gebruikte Marcel Goemans zijn morele oordeelsvorming toen hij thuis achter zijn bureau de argumenten op een rij zette. Het gevolg van deze activiteit was dat hij in het gesprek met Astrid Rijerse goed beslagen ten ijs kwam. Hij kon op haar standpunt 'het is erg, maar wij hoeven er toch niets mee' met een passend argument reageren. In het gesprek had dat twee gevolgen: ten eerste is hij beter in staat zijn gesprekspartner te overtuigen, maar ten tweede is hij van zichzelf overtuigd. Omdat Marcel weet waaróm hij iets vindt, staat hij steviger in zijn schoenen en kan hij de discussie met zijn meerdere aan.

Als iets belangrijk voor je is, doe het dan zelf.

Doordat Marcel beter in staat is te overtuigen en doordat hij steviger in zijn schoenen staat, wordt de kans veel groter dat Marcel Goemans ook naar zijn overtuiging zal handelen. Dit zien we aan het eind van het gesprek in het voorbeeld, wanneer Astrid Rijerse zich realiseert dat zij het weliswaar met Marcel eens is, maar de kwestie toch niet in het directieteam durft aan te kaarten. Marcel heeft meer *morele moed* dan Astrid. Hij durft wel stappen te ondernemen, ondanks dat de uitkomst voor hem persoonlijk even onzeker is als voor Astrid. En zo loopt dit voorbeeld ook af. Marcel kaart de kwestie aan bij de directie en Astrid blijft passief wachten op wat anderen gaan doen.

Morele moed

Morele moed is nodig om je overtuiging in gedrag om te zetten. Het is de karaktereigenschap die ertoe leidt dat je doorzet als het moeilijk wordt. Maar morele moed brengt ook met zich mee dat je handig bent in het aankaarten van een kwestie. Als je beter in staat bent om een moreel gesprek te voeren, durf je het ook gemakkelijker. Vaardigheid is dus een onderdeel van morele moed.

We hebben in dit voorbeeld drie voorwaarden voor *moreel gedrag* gezien. Het mag duidelijk zijn dat aan alle drie de voorwaarden voldaan moet zijn voordat er sprake is van moreel gedrag. We geven de voorwaarden weer in figuur 7.1.

Moreel gedrag

FIGUUR 7.1 De voorwaarden voor moreel handelen

Wat moet je kunnen	Vraag voor jezelf	Benodigde vaardigheid
Morele intuïtie (gevoel): je *beseft* dat er sprake is van een morele vraag; je realiseert je dat je antwoord hierop iets zegt over jou als persoon	Val ik gerust in slaap? Blijft de kwestie in mijn gedachten? Durf ik hiermee in de krant? Vertel ik het trots in gezelschap of houd ik het voor me?	Persoonlijk en sociaal inlevings-vermogen, ervaring
Oordeelsvorming in denken: je draagt argumenten (normen, waarden, deugden) aan ter afweging van je keuze	Wat is goed? Wat zou ik moeten doen? Met welke morele uitgangs-punten wil ik rekening houden?	Redeneervermogen en kennis van ethiek en moraal
Moed in handelen: je hebt de moed en sociale vaardigheid om dat wat je goed vindt uit te voeren	Durf ik dit? Hoe realiseer ik mijn keuze (tactiek)?	Emotionele intelligentie, durf, zelfkennis en overgave

Aan alle drie de voorwaarden moet gewerkt worden, wil er sprake zijn van verbetering van de morele competentie. In de eerste zes hoofdstukken van dit boek hebben we sterk de nadruk gelegd op de tweede component: de morele oordeelsvorming. Maar voor moreel handelen is meer nodig dan alleen het afwegen van morele argumenten. De andere twee componenten, morele intuïtie en morele moed, leer je niet door een tekst te lezen, maar door ervaringen op te doen. Door dingen uit te proberen, door keuzes te maken in het dragen van verantwoordelijkheid en geconfronteerd te worden met de gevolgen van die keuzes.

Het woord dat dit omvattende idee uitdrukt van een goed mens die de juiste keuzes maakt en zich daar naar gedraagt, is *integriteit*. In de volgende paragraaf onderzoeken we het begrip integriteit, om duidelijk te maken hoe je een goed mens en een goede professional wordt.

Integriteit

7

Het huwelijk

Toen hij bespeurde hoe de nevel van de tijd
in d'ogen van zijn vrouw de vonken uit kwam doven,
haar wangen had verweerd, haar voorhoofd had doorkloven
toen wendde hij zich af en vrat zich op van spijt.

Hij vloekte en ging te keer en trok zich bij de baard
en mat haar met de blik, maar kon niet meer begeren,
hij zag de grootse zonde in duivelsplicht verkeren
en hoe zij tot hem opkeek als een stervend paard.

Maar sterven deed zij niet, al zoog zijn helse mond
het merg uit haar gebeente, dat haar toch bleef dragen.
Zij dorst niet spreken meer, niet vragen of niet klagen,
en rilde waar zij stond, maar leefde en bleef gezond.

Hij dacht: ik sla haar dood en steek het huis in brand.
Ik moet de schimmel van mijn stramme voeten wassen
en rennen door het vuur en door het water plassen
tot bij een ander lief in enig ander land.

Maar doodslaan deed hij niet, want tussen droom en daad
staan wetten in de weg en praktische bezwaren,
en ook weemoedigheid, die niemand kan verklaren,
en die des avonds komt, wanneer men slapen gaat.

Zo gingen jaren heen. De kinderen werden groot
en zagen dat de man die zij hun vader heetten,
bewegingsloos en zwijgend bij het vuur gezeten,
een godvergeten en vervaarlijke aanblik bood.

Willem Elsschot, 1910

REFLECTIEVRAGEN

7.1   Welke moed heeft de hoofdpersoon in dit gedicht van Willem Elsschot
      wel?
7.2   Welke moed heeft de hoofdpersoon niet?
7.3   Is de hoofdpersoon in het gedicht integer? Bespreek je antwoord met
      een klasgenoot.

7.2 Integriteit is een deugd

Het mag in de vorige paragraaf duidelijk zijn geworden dat het aanvoeren
van morele argumenten alleen niet voldoende is om moreel verantwoord gedrag te vertonen. Het bleek dat er nog twee voorwaarden zijn voor moreel
gedrag, namelijk intuïtie en lef. Maar niet elk gedrag dat uit intuïtie voortkomt en met lef wordt uitgevoerd, resulteert in een integer persoon. Daarvoor moet het gedrag ook aan morele eisen voldoen. In deze paragraaf onderzoeken we wat er nodig is om integer te zijn. Waaruit bestaat integriteit?

Integriteit bestaat uit het bewaken van je integriteit.

Een ander woord voor integriteit is *morele zelfsturing*. Hiermee bedoelen we
dat mensen kritisch nadenken over hun morele verplichtingen en hun morele keuzes, dat mensen zich daarnaar gedragen en dat mensen daarop
aanspreekbaar zijn. Integere mensen zijn niet alleen wie ze zijn, maar kunnen kritisch kijken naar wie ze zijn, afstand nemen van zichzelf en naar zichzelf kijken. Ze staan open voor kritiek, maar er is ook altijd ruimte voor zelf-
kritiek.

| Morele zelfsturing betekent dat je nadenkt vanuit een moreel ge-
| zichtspunt over wat je doet en dat je je daarnaar gedraagt.

**Morele
zelfsturing**

Aan je gedrag kunnen mensen je morele oordeel aflezen. Je bent moreel herkenbaar. Deze morele identiteit is door de morele zelfsturing altijd een mogelijk onderwerp van gesprek, maar tegelijkertijd een robuust geheel. Een integer persoon staat open voor kritiek, maar waait niet met alle winden mee.

Wat moet je kunnen en wat moet je doen om tot morele zelfsturing te komen? We bespreken drie vaardigheden die samen de morele zelfsturing vormen, te weten identificatie van verplichtingen, het balanceren tussen verschillende verplichtingen en het beschermen van de eigen moraal.

Identificatie van morele verplichtingen

Integere professionals herkennen een morele verplichting als die aan de orde is. Een docent snapt dat als de beamer in een lokaal stuk is, dat hij of zij dit door moet geven. Hoveniers die aan een drukke straat werken, snappen dat zij een hark niet op het trottoir moeten neerleggen. Dit zijn voorbeelden van situaties waarin een beroepsbeoefenaar herkent dat een morele verplichting voor hem of haar geldt.

Maar niet alleen zien mensen hun morele verplichtingen, ze accepteren ze ook. Dit accepteren is geen passieve actie, maar een actief 'ja' zeggen tegen een verplichting. De beroepsbeoefenaar voert als mens de verplichtingen uit die de positie van het beroep met zich meebrengt. We spreken van identificatie van morele verplichtingen als de beroepsmoraal niet van buiten wordt opgelegd, maar van binnenuit door de persoon wordt aanvaard. Beroepsbeoefenaren die zich niet identificeren met de verplichtingen die hun professie met zich meebrengt, noemen we lichtzinnig of oppervlakkig.

7

Zou elke ambtenaar dit doen?

Op 22 mei 1963 zou mijn grootvader Jan van Dalen 65 worden. Zeven jaar eerder was de Algemene ouderdomsWet (AOW) ingevoerd die iedere burger van 65 recht gaf op een pensioenuitkering. De uitkering ging in in de maand waarin de burger 65 werd, en werd uitbetaald op de eerste van de maand. Op 14 mei 1963 wordt mijn grootvader aangereden op straat en na een week in coma te hebben gelegen, overlijdt hij op 21 mei. Hij heeft dus nooit zijn 65ste verjaardag gevierd, maar op 1 mei 1963 is wel zijn eerste pensioenuitkering gedaan, waar hij formeel nooit recht op heeft gehad omdat hij nooit 65 is geworden. In het najaar van 1963 krijgt mijn grootmoeder een brief van een ambtenaar op het ministerie waarin deze bericht dat er onterecht een maand pensioen is uitgekeerd en haar vriendelijk doch dwingend verzoekt dit bedrag terug te betalen...

Balanceren tussen morele verplichtingen

Integere professionals proberen in hun gedrag een evenwicht tussen de verschillende morele verplichtingen te vinden. Deze verplichtingen kunnen voortkomen uit hun positie als beroepsbeoefenaar, uit hun sociale positie of uit hun persoon. En het zijn juist deze verschillende bronnen van verplichtingen die integriteit zo spannend maken.

VOORBEELD 7.2
Stel je een accountant voor. Nauwkeurigheid is een beroepswaarde voor accountants waar deze professional graag aan wil voldoen. Als vader heeft hij de verplichting zijn kinderen naar bed te brengen, en persoonlijk is voor hem de norm 'hou je aan je afspraken' heel belangrijk. Dit zijn alle drie morele verplichtingen die hij zichzelf oplegt, die hij accepteert. Maar als er afgesproken is met een collega dat een rapport op een bepaald tijdstip klaar moet zijn en er, om het af te krijgen, overgewerkt moet worden in de avond, dan zal die accountant een balans moeten vinden tussen zijn nauwkeurigheid, zijn verplichting de kinderen een keer per dag te zien en de norm 'afspraak is afspraak'.

Integriteit brengt met zich mee dat een professional in zo'n situatie probeert met een keuze een *balans* te vinden tussen de verschillende verplichtingen. Dit afwegen is niet simpelweg het midden zoeken, maar een actief balanceren op de juiste plek. De professional zit er als mens middenin. De persoon, of eigenlijk de integriteit van de professional, staat op het spel. Bij een verkeerde keuze sneuvelt de integriteit van de persoon.

Waaraan kunnen we een integere balans herkennen? We bespreken drie criteria waaraan we een integere balans, een integere keuze, kunnen herkennen:
1 consistentie
2 coherentie
3 correspondentie

Ad 1 Consistentie
De keuzes moeten *consistent* zijn. Daarmee bedoelen we dat er geen tegenspraak tussen verschillende keuzes zit. Dus niet vandaag als een gek overwerken en morgen overwerk lichtvaardig uitsluiten omdat je andere dingen moet. Het is niet de bedoeling dat als je eenmaal voor het een kiest, dat je je daar dan altijd aan moet houden. Consistentie betekent dat als je vandaag fanatiek overwerkt, dat je dan morgen een goede reden moet hebben als je een andere keuze maakt.

Consistent

Ad 2 Coherentie
Niet alleen moeten de keuzes consistent zijn in de tijd, de verschillende soorten keuzes moeten ook met elkaar kloppen. Van een sociaal werker verwacht je meer sociale interesse dan van een schilder. Een accountant die op zijn werk geordend en precies moet zijn, zal geen huishouden van Jan Steen hebben. Je verwacht dat de verschillende keuzes *coherent* zijn met elkaar, dat wil zeggen passen in een samenhangend geheel, in een totaalbeeld van de persoon. Integere mensen zijn een geheel in verschillende omgevingen.

Coherent

Ad 3 Correspondentie
Ten slotte is het zo dat integere mensen zich gedragen in overeenstemming met hun afwegingen en in overeenstemming met de beroepsmoraal waarmee ze zich geïdentificeerd hebben. Er is *correspondentie* tussen de keuze en het gedrag. Het gedrag blijft ook in overeenstemming met de gekozen verantwoordelijkheden als er verleidingen zijn om het anders te doen, of als er druk op de persoon wordt uitgeoefend. We spreken van een standvastig persoon als woord en gedrag blijven overeenstemmen, blijven corresponderen, ook als het moeilijk wordt.

Correspondentie

Als een keuze tussen verschillende verplichtingen consistent is, coherent is en correspondeert met het gedrag, dan is er goede kans dat de balans tussen de verschillende verplichtingen integer is.

'Schrijf niet toe aan boosaardigheid wat je door domheid kunt verklaren.'

— Harry Kushner

Beschermen van de eigen moraal

Professionals moeten hun morele identiteit, hun normen en waarden, beschermen tegen een te grote aantasting vanuit andere verplichtingen. Onderdeel van integriteit is dat je in staat bent je persoonlijke idealen te verdedigen. Extreme voorbeelden hiervan zijn een ambtenaar van de burgerlijke stand die geen homohuwelijken wil sluiten, of de koning van België die aftreedt omdat hij een wet die abortus legaliseert moet ondertekenen; iets waar hij principieel tegen is.

Maar het is ook andersom mogelijk, dat een professionele norm zwaarder weegt en voor de privésituatie gevolgen heeft. Denk aan een belastingambtenaar die geen zwartwerker aan het werk wil hebben. Of een leerkracht die in een winkel erop wijst dat er een spelfout in een van de reclames zit. Dit zijn ook voorbeelden van een morele identiteit die beschermd wordt tegen een inbreuk door andere verplichtingen. De leerkracht zou te veel morele eigenwaarde inleveren als hij of zij in de vrije tijd dingen zou doen die beroepsmatig niet door de beugel kunnen.

'Persoonlijk leiderschap is je visie voor ogen houden en je leven daarop aanpassen.'

— Stephen Covey

Voet bij stuk houden

In het beschermen van de eigen moraal geldt ook dat het geen simpel voet bij stuk houden is, maar een weloverwogen staan voor wie je bent. Idealen en levensplannen hoeven niet per se overeind te blijven. Het kan juist heel integer zijn een ideaal te laten varen als er te veel goede redenen tegenin te brengen zijn, of omdat je door levenservaring een ideaal niet meer belangrijk vindt. Mensen ontwikkelen zich in hun leven, ook moreel. En je integriteit moet je individuele groei niet in de weg staan. Morele zelfsturing betekent **Weloverwogen nadenken** weloverwogen nadenken over je principes en de bereidheid dit te blijven doen. Tegenover het onnadenkend vasthouden aan een principe staat het onnadenkend meegaan met alle invloeden, het met alle winden mee waaien. In figuur 7.2 is dit proces van balanceren weergegeven.

FIGUUR 7.2 Integriteit is balanceren

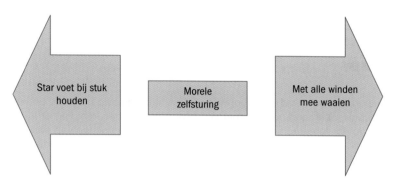

Brouwende monniken van Westvleteren houden het rustig

In september 2006 riep de Amerikaanse webstek www.ratebeer.com de zware trappist van Westvleteren met ruim tien procent alcohol uit tot 's werelds beste bier. Sindsdien werd het rustige West-Vlaamse dorp belaagd door kooplustigen. Lange files stonden voor het klooster, waardoor de broeders dan niet rustig konden bidden. Al snel werd er overgegaan op een ander distributiesysteem. Liefhebbers moeten eerst telefonisch reserveren, voordat ze een kratje mogen ophalen. Slechts weinigen komen voorbij de voortdurende bezettoon.

Maar wat nog erger is voor de bierliefhebbers: de monniken brouwen maar af en toe. Ze maken jaarlijks 480.000 liter, net genoeg om hun abdij te bekostigen. De monniken zijn in eerste instantie monniken en geen brouwers. Ze brouwen om te kunnen bidden en niet andersom.

De monniken van het klooster van Westvleteren zijn niet te vermurwen. Voor hun 'beste bier ter wereld' moet je het geduld van een engel hebben. Wie een kratje bemachtigt moet beloven dat hij het bier niet verkoopt. Toch zijn in Brussel flesjes voor 50 euro gesignaleerd. Bij de abdij kost het ongeveer één euro.

Samengevat bestaat integriteit – of morele zelfsturing – uit drie onderdelen: identificatie van relevante morele verplichtingen, het balanceren tussen deze verplichtingen die uit verschillende sociale posities voortkomen, en het verdedigen van een morele identiteit, de eigen normen en waarden. In al deze drie onderdelen van morele zelfsturing is er telkens sprake van dat de persoon in kwestie actief en weloverwogen optreedt. Zowel in het identificeren als het balanceren en het beschermen dient de persoon zich actief op te stellen. Er is nooit simpelweg sprake van een voldoen aan een regel of het handelen volgens een voorschrift. Integriteit is een begrip dat iets zegt over de houding van een professional.

Morele identiteit

'De hoogste vorm van integriteit is het vermogen tegengestelde normen en waarden in de persoon te verenigen.'

— Fons Trompenaars

Deugd

We concluderen dat integriteit vooral te maken heeft met de houding, de intentie waarmee iemand omgaat met verantwoordelijkheden. Het lijkt er inderdaad op dat integriteit een *deugd* is, een karaktereigenschap van een persoon, en geen abstract ideaal dat we moeten realiseren of een gedragsregel die we moeten navolgen. Met een gevolgenethiek waarmee we waarden realiseren of met een plichtethiek waarmee we normen navolgen, realiseren we geen integriteit. Integriteit is geen kwestie van 'je aan de regels houden'.

Mentaliteit

Integriteit betekent niet zozeer dat je goed bent in morele 'problem solving', maar dat je een juiste *mentaliteit* bezit. Een mentaliteit die je steeds weer aanzet tot identificeren, balanceren en beschermen van de morele verplichtingen waarin je zelf als moreel individu betrokken bent. Als je dat blijft doen, als je actief erkent dat bepaalde verplichtingen voor jou in jouw positie belangrijk zijn om uit te voeren, als je aantoonbaar afweegt wat hier en nu het zwaarst moet tellen, en vooral als je de keuze die je maakt voor je rekening neemt en aanspreekbaar blijft op je keuze, dan heb je de hoogste vorm van integriteit gerealiseerd: het vermogen om tegengestelde normen en waarden in je persoon te verenigen.

> **REFLECTIEVRAAG**
> 7.4 Deug jij voor je vak?

7.3 Normatieve professionaliteit

In de vorige twee paragrafen bespraken we wat een integer professional allemaal doet. Een integer professional:
- doorziet morele keuzes op het juiste tijdstip,
- analyseert deze keuzes aan de hand van de juiste morele uitgangspunten,
- maakt een juist keuze (althans een keuze die het verdedigen waard is),
- vertaalt deze keuze in effectief gedrag,
- waarmee de uitgekozen morele uitgangspunten ook daadwerkelijk gerealiseerd worden.

Nu ging het in de vorige paragrafen over individueel functioneren. Maar je staat eigenlijk nooit alleen in je werk. Je bent altijd omgeven door cliënten, de organisatie, klanten, een markt, wetgeving, et cetera. Deze omgeving is altijd in gedachten in je functioneren aanwezig en heeft invloed op je functioneren. Over deze invloed gaat deze paragraaf.

Het begrip 'integriteit' wordt meestal in een professionele situatie gebruikt. Als mensen in hun privéleven morele grenzen overschrijden, noem je ze bijvoorbeeld onbetrouwbaar of je gebruikt een scheldwoord om die persoon mee aan te duiden. Maar als verplegend personeel in een ziekenhuis denigrerende grappen maakt over de patiënten, dan 'zijn ze niet integer'. Dit gebruik van het begrip integriteit in de arbeidsomgeving is een aanwijzing dat integriteit niet zozeer een uitspraak is over het moreel gehalte van een persoon, maar veeleer een morele beoordeling is van het professioneel functioneren van die persoon.

Professioneel functioneren

Elk beroep heeft zijn eigen moraal.

In de vorige paragraaf hebben we gezien dat integriteit een deugdethisch begrip is. Als je een uitspraak doet over de integriteit van iemand, doe je een uitspraak over het karakter van die persoon. Dit heeft als nadeel dat het een zwart-witbeslissing wordt. Als je over de integriteit van iemand spreekt, dan zijn er maar twee mogelijkheden: het is goed of het is fout. Een gevolg hiervan is dat integriteit ook meteen een grote betekenis krijgt. Als aan de integriteit van een politicus getwijfeld wordt, is het meteen afgelopen met zijn of haar carrière. Hetzelfde geldt voor medewerkers van de belastingdienst; als ze sjoemelen met hun belastingaangifte, worden ze ontslagen. In het geval van onbetrouwbare politici en belastingdienstmedewerkers werkt dit, die wil je ook ontslaan. Maar er is een groot domein waar zo'n morele zwart-witbeoordeling van gedrag niet werkt. Om het morele denken over het functioneren van professionals verder te helpen, gebruiken we het begrip normatieve professionaliteit.

Normatieve professionaliteit

If you can't beat them, join them.
If you can't join them, leave them.

Elk beroep heeft zijn eigen moraal. Dit heeft alles te maken met de inhoud van het beroep. Een basisschoolleerkracht vindt ontwikkeling en groei van mensen belangrijk, want daar gaat het in dit vak om. Een accountant vindt precisie heel belangrijk, want dat is nodig voor het functioneren in het vak. En een sociaal werker vindt zelfstandigheid en individuele ontplooiing van mensen heel belangrijk. Dit zijn allemaal voorbeelden van waarden die belangrijk zijn in een vakgebied. Elke professional moet deze waarden op een of andere manier verdisconteren in het persoonlijk functioneren, in de vorm van een morele zelfsturing, zoals we in de vorige paragraaf hebben gezien. Ze kunnen daarin tevoorschijn komen als norm, als waarde of als deugd.

Morele zelfsturing

Als student in deze vakken dien je je deze morele uitgangspunten eigen te maken. Dit wordt ook wel de *subjectiveringsfunctie van het onderwijs* genoemd. De opleiding heeft naast het onderwijzen ook de functie om studenten persoonlijk voor te bereiden op hun functioneren in de professie. Hiermee bedoelen we dat studenten zich de normen van het vak eigen maken en integreren in hun persoon.

Subjectiveringsfunctie van het onderwijs

Wijsheid van de juf?

Een vader komt op school voor overleg met de juf van groep 6. Zijn dochter heeft een opstel geschreven waar ze een 8 voor gekregen heeft en er staat op geschreven: 'Je kunt prachtig schrijven Ilse.' Maar het opstel zit vol met spelfouten, ook veel fundamentele spelfouten die een leerling van groep 6 echt niet meer mag maken. De vader vraagt zich af of dit wel goed onderwijs is, wat de juf biedt. De juf antwoordt desgevraagd dat ze de spelfouten heus wel gezien heeft, maar dat ze het niet over haar hart kan krijgen om ze allemaal aan te strepen '… want Ilse kan zó prachtig schrijven.' Twintig jaar later is Ilse een succesvol journalist – die elke dag rekening moet houden met haar dyslexie, dat wel.

Normatieve professionaliteit gaat over de kwaliteit van het werk los van de technische vakkundigheid van de professional. Elk beroep heeft zijn vakkennis die professionals in opleiding zich eigen moeten maken in de opleidingsfase. Het uitoefenen van het beroep is echter geenszins het 'toepassen van de kennis'. Als dat zo was, was het vak al lang uitbesteed aan landen waar de loonkosten lager zijn, zoals in de ICT-branche is gebeurd met het programmeerwerk. Een echte professional ben je pas als alle vakkennis geïntegreerd is in je persoon en je in een ingewikkelde situatie persoonsgebonden keuzes kunt maken en daarnaar kunt handelen. Dergelijke keuzes zijn dan niet meer alleen vakinhoudelijke keuzes. Maar wat veel belangrijker is, het zijn ook zeker niet louter persoonlijke keuzes!

Werk niet voor je ego. Laat je ego voor jou werken.

Neem de volgende voorbeelden:
- De automonteur in opleiding gooit uit gewoonte het gereedschap in de kist naast zich. Een collega merkt op dat zij voorzichtiger met het gereedschap om moet gaan.
- De politieagent heeft een gesprek met een dronkenlap. Deze probeert overeind te komen, maar zakt telkens weer door de knieën. De agent helpt hem overeind.
- De doktersassistente geeft telefonisch besproken klachten door aan de arts en voegt eraan toe: 'Ik vertrouw het niet.'
- De vestigingsmanager van de supermarkt heeft geen goed gevoel bij de nieuw aangenomen vakkenvuller en vraagt zich bij zichzelf af of hij vooroordelen heeft, of dat er echt iets is.

In al deze voorbeelden is er sprake van professioneel functioneren. Het betreft allemaal situaties waarin iemand een beroep uitoefent. De betrokken collega's, klanten of medewerkers zelf hebben een oordeel over de kwaliteit van het functioneren. Het is niet lood om oud ijzer hoe je de situatie aanpakt; de professionele keuze is de juiste keuze, het behoort zo gedaan te worden. Zo'n professionele keuze heeft vaak een normatief aspect in zich.

Je kunt je voorstellen dat deze situaties een pittig gesprek opleveren. De kwaliteit van samenwerken staat op het spel!

Dit doet denken aan de situatie van een moreel oordeel die we bespraken in paragraaf 1.3. We vergelijken daarom de kenmerken van een moreel oordeel met normatieve professionaliteit.

Een moreel oordeel:
1 gaat over menselijk gedrag
2 overstijgt het individuele (is veralgemeniseerbaar)
3 is normatief (schrijft voor hoe het moet)
4 is gericht op het goede
5 kan morele verontwaardiging veroorzaken

Normatieve professionaliteit voldoet zonder meer aan de eerste drie van deze kenmerken. Een verschil is echter dat de normatieve professionaliteit niet per se moreel van aard hoeft te zijn. Het kan ook heel goed een esthetische grondslag hebben.

Schoonheid in je werk zien

Veel professies hebben óók esthetische normen, die uitdrukken hoe schoonheid in dat vakgebied eruitziet. Deze normen zijn een uitdrukking van wat men als bewonderenswaardig ervaart in dat vakgebied. Vaak is het een soort van eenvoud, van ogenschijnlijk gemak, die bewonderd wordt:
• Van topsporters – voetballers, tennissers, maar ook schakers – kan gezegd worden dat ze 'mooi spelen'. Zoals Messi de verdediger uitspeelt, 'dat lijkt eenvoudig, maar het is meesterlijk'.
• Programmeurs kunnen spreken van een 'mooi programma' of een 'elegante oplossing'.
• Gymleraren onder elkaar spreken bewonderenswaardig: 'Tjonge het gemak waarmee jij die chagrijnige groep toch in beweging kreeg, geweldig!'

De normatieve inhoud van het professioneel functioneren kan ook uit levensbeschouwelijke of spirituele bron komen. Als je als sociaal werker te maken krijgt met een cliënt die je steeds weer bedondert, wordt de deugd 'vergevingsgezindheid' wel op de proef gesteld. Het kan zijn dat dit morele uitgangspunt voortkomt uit een christelijke levensovertuiging. Dit maakt de deugd niet anders, het komt alleen uit een andere bron. Het is goed om je daarvan bewust te zijn, met name in situaties waarin je overtuigingen worden uitgedaagd. Stel dat je in de kinderopvang werkt en besluit om vanwege je geloof een nikab te gaan dragen. Je moet je dan afvragen of een nikab gecombineerd kan worden met het open persoonlijke contact dat nodig is voor het functioneren in een kinderopvang. Om deze zelfreflectie goed uit te kunnen voeren is het belangrijk erachter te komen waar je overtuiging vandaan komt of waarin het gegrondvest is.

Spirituele elementen van normatieve professionaliteit staan vaak op het spel als men spreekt van zinloos werk. Een automonteur die de klant adviseert dat het repareren van de oude auto zinloos is, volgt de professionele waarde 'efficiency'. 'Het moet wel zin hebben', hoor je de monteur zeggen. Een kapper die weigert een verliefde klant elke week te knippen (goede business), een leraar Nederlands die elke keer weer de dt-fouten uit de werkstukken van de leerlingen haalt, een gymleraar die juist de moeilijk bewegende kinderen in beweging krijgt; het zijn allemaal voorbeelden van *zin in je werk* dat inspireert en richting geeft aan professionele keuzes. Deze zin heeft alles te maken met de essentie van het vak, dat waar het in het vak precies om gaat voor jou. Deze richtinggevende essentie van het vak wordt door buitenstaanders vaak niet gemakkelijk herkend. Als je niet zelf monteur, kapper of leraar bent, is het moeilijk om te zien wat nu de zin is van dat werk. Wat maakt het de moeite waard om er elke dag voor uit je bed te komen?

Zin

'Nu begrijp ik waar dit vak over gaat.'

— Een student die terugkomt van de stage

Maar niet alleen voor buitenstaanders, ook voor de professional zelf kan het moeilijk zijn om de richtinggevende zin van het vak te vinden. De ervaring van drie maanden stage leert studenten hierover vaak meer dan twee jaar vakken volgen. Regelmatig komen studenten terug van de stageperiode met een verzuchting: 'Nu begrijp ik waar dit vak over gaat.' Dit doet de vraag rijzen hoe je een ontwikkelingsproces organiseert dat hieraan recht doet. Hoe organiseer je dat je de zin van je vak leert? Daarover gaat de volgende paragraaf.

7

> **REFLECTIEVRAAG**
> 7.5   Wat is er mooi aan jouw vak?

7.4 Leren van dilemma's

In deze laatste paragraaf leggen we uit wat voor soort leerproces er nodig is voor de groei naar integer professional. We introduceren twee woorden die helpen begrijpen hoe dit leerproces in zijn werk gaat: drieslag leren en theorie U.

Drieslag leren
Het leerproces dat nodig is voor de groei naar integer professional is anders dan het leren van vakkennis. Om dit te begrijpen maken we een onderscheid in drie soorten leren:

Enkelslag leren

1 *Enkelslag leren*. Bij deze vorm van leren staat de vraag centraal: 'Hoe doe je het goed en hoe doe je dit beter?' Deze vorm van leren gebruik je in praktische aangelegenheden, bijvoorbeeld als je een band plakt of het verband van een brandwond verwisselt. Bij enkelslag leren verbeter je de effectiviteit van je gedrag. Je leert steeds beter (sneller, gemakkelijker) iets doen. Het gaat om hoe je moet werken en hoe je beter kunt werken.

Dubbelslag leren

2 *Dubbelslag leren*. Bij deze vorm van leren gaat het om de vraag: 'Doe je de goede dingen? Wat wil je bereiken?' Het gaat hier niet om een hoe-vraag, maar om een wat-vraag. Wat wil ik bereiken? En waarom doen we

dit eigenlijk? Waarom is dit belangrijk om te doen? Het gaat dus niet
meer om de effectiviteit van je gedrag zoals bij enkelslag leren. Morele
vragen vallen vaak in deze categorie.

3 *Drieslag leren*. Bij deze vorm van leren is er niet echt een onderscheid   Drieslag leren
meer tussen lerende en geleerde. Het leerproces is een ontwikkeling van
de persoon (of de organisatie). Als je leert op deze manier, verander je
jezelf. Centraal staat de vraag: 'Waartoe? Wie wil je zijn?' De inhoud van
het leerproces betreft het ontdekken van essentiële principes die jij belangrijk vindt in het leven en waaraan jij je verbindt.

In figuur 7.3 is een overzicht gegeven van deze drie vormen van leren.

FIGUUR 7.3 Verschillende vormen van leren

Wijze van leren	Centrale vraag	Inhoud	Resultaat
Enkelslag	Hoe doe je het?	Regels	Verbetering van werkwijze
Dubbelslag	Wat wil ik bereiken?	Inzichten	Vernieuwing van doelen
Drieslag	Wie wil ik zijn?	Principes	Ontwikkeling van mensen en organisaties

Met name in drieslag leren verdwijnt het onderscheid tussen individu en sociale omgeving. In het drieslag leren ontstaat een vernieuwde mens die op
vernieuwde wijze in interactie gaat met de sociale omgeving, hetgeen dan
ook een verandering in die omgeving tot gevolg heeft.

Het zal duidelijk zijn dat het soort leren waarover we in dit hoofdstuk spreken, van de derde vorm is. Als je vragen stelt over de zin van je werk, of het
echt persoonlijke aspect in je functioneren, dan ontwikkel je jezelf. En als
dat gebeurt, beïnvloed je ook je omgeving, de mensen met wie je samenwerkt. We illustreren het verschil tussen enkel-, dubbel- en drieslag leren
aan de hand van een voorbeeld.

VOORBEELD 7.3
Hermen: 'Ik had een vakantiebaantje bij een grote garage die tegelijkertijd
groothandel in automaterialen voor de branche is. De omgangsvormen op
de werkvloer zijn er tamelijk direct, en soms ronduit lomp. In deze omgeving
vond een medewerker het nodig om een minder assertieve collega consequent agressief aan te spreken. Zelfs in die mate dat die collega er duidelijk
onder gebukt ging. Op een gegeven moment was ik het zat en riep de pester
toe: "Zeg klojo, ga je met een ander bemoeien en zit hem niet zo op de
huid." De pester draaide zich naar mij om, pakte een stanleymes uit zijn
overal, schoof het mes eruit en wierp het naar mij toe over een afstand van
vijf meter. Ik reageerde geschrokken: "Doe normaal man!" Waarop hij zei:
"Of wou je nog een mes naar je hoofd?" en begon te zoeken in zijn zakken.
Op dat moment realiseerde ik me: hier sta ik zelf op het spel. Is mijn toekomst er een van iemand die een vakantiebaantje opgeeft omdat de werkvloer niet veilig is, of is mijn toekomst er een waar ik weerstand bied tegen
een pestkop op de werkvloer? Ik nam geen besluit, mijn antwoord kwam als
vanzelf toen ik zei: "Of wou jij ontslagen worden?"

De pestkop dacht een seconde na en begon, meer in zichzelf, te zeuren over een "grote bek" en "jonge broekies", maar draaide zich om en richtte zich weer op zijn werk. In de loop van de weken daarna merkte ik een klein verschil in de omgangsvormen op de werkvloer. De mannen gaven elkaar meer een weerwoord en dat kwam ten goede aan de gelijkheid op de werkvloer.'

In dit voorbeeld zien we dat Hermen bij zichzelf naar binnen kijkt en zichzelf de vraag stelt: wie wil ik zijn? Wat voor toekomst zie ik voor mezelf? Dit gaat weliswaar heel snel, maar het is wel degelijk aan de hand. Het interessante is dat als hij die vraag toe laat bij zichzelf, het antwoord eigenlijk als vanzelf komt! Op het moment dat Hermen zich afvraagt 'wie wil ik zijn?', weet hij het eigenlijk ook wel. Dit betekent niet dat de vraag overbodig is. Integendeel! Alleen door de vraag te stellen komen de antwoorden die zo veelbetekenend zijn voor Hermen. Vergelijk dit met vragen die enkel- en dubbelslag leren in gang zetten.

Als Hermen zich alleen afgevraagd had: hoe red ik me uit deze penibele situatie? Of nog praktischer: heeft die pestkop nog een stanleymes op zak? Dan waren de antwoorden ook van die orde geweest. De antwoorden op die vragen zijn praktische oplossingen over hoe je iets beter kunt doen. Dit is enkelslag leren; het ontwikkelen van sociale vaardigheden om je in moeilijke situaties te redden.

Ook had Hermen zich af kunnen vragen wat hij belangrijker vindt: opkomen voor een collega of zijn eigen veiligheid? Een antwoord hierop geeft hem inzicht in welke principes hij belangrijk vindt. Dit is dubbelslag leren en ook zeker de moeite waard om te doen. Maar het is niet wat er in dit voorbeeld gebeurd.

My actions are my only true belongings: I cannot escape their consequences.

Hermen stelt zichzelf de vraag wie hij wil zijn en wat hij wil betekenen op die werkvloer in die organisatie. Deze vragen kun je jezelf ook stellen op een zondagmiddag bij het haardvuur, maar de kans is klein dat er dan een vergelijkbaar leerproces op gang komt. Zeer waarschijnlijk blijft het dan bij vrijblijvende bespiegelingen over een ideaalbeeld. Dit is ook goed om af en toe te doen, maar het is geen drieslag leren. In de heftigheid van de fysieke bedreiging van dat moment betekent de vraag en het antwoord dat komt, veel meer voor Hermen. En niet alleen voor Hermen zelf, maar ook voor de sociale omgeving. Hij merkte immers dat de omgangsvormen op de werkvloer een beetje veranderden na dit akkefietje! Er vindt een verandering plaats. Dit is drieslag leren.

Kenmerkend voor de gang van zaken in voorbeeld 7.3 is dat Hermen zichzelf een moeilijke vraag stelt. Kijk even naar de volgende drie vragen:
1 Hoe red ik me uit deze situatie? (enkelslag leren)
2 Wat vind ik belangrijker: opkomen voor een collega of mijn eigen veiligheid? (dubbelslag leren)
3 Wat wil ik betekenen voor deze mensen? (drieslag leren)

De eerste twee vragen, die leiden tot enkelslag en dubbelslag leren, zijn relatief gemakkelijk te beantwoorden. De derde vraag is echt moeilijk, wat kenmerkend is voor drieslag leren. Je moet de problemen opzoeken. Alleen als je moeite doet, levert het wat op en dit moet je dus actief aangaan. Je moet de plekken der moeite opzoeken en de moeilijkheden doorstaan. Dan leer je.

Plekken der moeite opzoeken

Zonder wrijving geen glans.

Een ander kenmerk van voorbeeld 7.3 is dat het een echte verandering in de toekomst betreft. Hermen heeft de omgangsvormen in dat bedrijf een klein beetje veranderd. Dit aspect van drieslag leren kunnen we begrijpen met een theorie van de organisatorische veranderingen, de theorie U.

Theorie U

Theorie U
In de theorie U wordt een leerproces voorgesteld als het doorlopen van een U-beweging. Dit begint met het waarnemen van wat er werkelijk aan de hand is, zonder vooroordeel en vooronderstellingen over hoe de situatie in elkaar zit. Dus gewoon kijken en je afvragen: wat gebeurt hier nu eigenlijk? We noemen dit waarnemen met een open geest, omdat dat is wat je nodig hebt om dit te doen.

Open geest

Dit waarnemen is niet alleen met je verstand open staan voor wat er aan de hand is, maar ook aanvoelen wat het voor anderen betekent en voelen wat de situatie voor jezelf betekent. We noemen dit een open hart, omdat dat is wat je nodig hebt om te voelen.

Open hart

Vervolgens kan dit voelen en waarnemen allerlei emoties, overtuigingen en oordelen oproepen. Verplaats je eens in de situatie van Hermen daar in het magazijn tussen de autobanden. Je kunt bang of boos worden in zo'n situatie. Of je denkt: wat een idioot om een mes naar mij te gooien. Die man spoort niet! Wie heeft hem aangenomen? Deze gevoelens en oordelen zijn volstrekt begrijpelijk en redelijk, maar ze verhinderen een leerproces. Als je gaat handelen op basis van het oordeel 'Wat denkt die idioot wel om een mes naar mij te gooien!', ben je eigenlijk hard aan het werk voor je ego. Natuurlijk heb je gelijk, maar daar gaat het hier niet om. Dus je moet je daar ook niet op focussen. De neiging van het ego is om dat wel te doen en alle denken, voelen en handelen te overheersen. Voor drieslag leren is het nodig om zo'n oordeel los te laten, ondanks dat je gelijk hebt. We noemen dit los laten van je overtuigingen een open wil, omdat dit is wat je nodig hebt als je ruimte geeft aan een drieslag leerproces. Dus op het moment dat je vastzit in een 'ik zal die kerel wel even vertellen waar het op staat', heb je deze techniek nodig. Laat je overtuigingen en je oordelen los en geef ruimte aan de vraag: wie wil ik zijn en wat wil ik betekenen?

Open wil

Als je deze vraag toelaat in jezelf, komt er op basis van eerdere ervaringen en opgebouwde kennis, eigenlijk op basis van alles wat je tot dan toe geleerd hebt in je leven, een mogelijkheid van een toekomst voor jezelf, zeg maar een toekomstig zelf. Het is zaak deze toekomst te laten komen, om vervolgens wel hard te werken om hem waar te maken.

Toekomstig zelf

Dit klinkt misschien als een toverformule, maar het is de verwoording van een spiritueel inzicht dat je altijd alleen maar kunt handelen in de situatie waarin je zit en op basis van wie je bent. Als je een hulpvraag met open geest, open hart en open wil formuleert, dan komt er ook een antwoord van de mogelijkheden die je hebt.

'Op Zweinstein wordt altijd hulp geboden aan degenen die daarom vragen.'

— Albus Perkamentus

De theorie U wordt weergeven in figuur 7.4.

FIGUUR 7.4 Drieslag leren in de theorie U

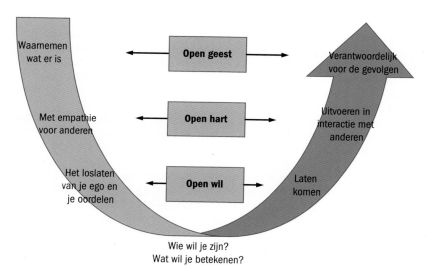

De figuur laat zien dat als je een hulpvraag stelt met open geest, open hart en open wil, dat je dan bent afgedaald in jezelf bij de kern van wie je bent. Vanaf hier gaat het weer omhoog richting concrete actie, vandaar de naam theorie U. In voorbeeld 7.4 beschrijven we hoe zo'n proces er in de praktijk uitziet. Onze student Hermen is nu op stage.

VOORBEELD 7.4
Hermen: 'Ik loop stage en doe een onderzoek onder de klanten door middel van interviews. Ik heb dit nu zes weken voorbereid en het eerste bezoek is vanmiddag. Ik heb mijn nette pak aangetrokken. Met Carlo, mijn stagebegeleider, heb ik afgesproken dat hij het eerste interviewbezoek mee zal gaan en dat we het samen zullen doen. Ook omdat hij als marketingmanager het klantcontact belangrijk vindt.

Vanochtend kwam de directeur-eigenaar van het bedrijf binnenlopen. Hij nodigde Carlo uit om vanmiddag mee te gaan golfen met een aantal zakelijke relaties. "Misschien kunnen we daar meer zaken mee doen", voegde de directeur eraan toe. Carlo was het ermee eens dat dit een mooie kans was en sprak af om mee te gaan. Toen de directeur de kamer uit was, zei hij tegen mij: "Bel jij het bedrijf even op waar we vanmiddag langs zouden voor dat interview. Zeg maar dat ik ziek ben geworden of zo, en maak maar een nieuwe afspraak." Tamelijk perplex over de gang van zaken stemde ik hiermee in.

Nu Carlo de kamer uit is, ben ik er eens goed voor gaan zitten. Wat is hier aan de hand? Wat gebeurt hier? Ik ben boos, ik voel me ook niet serieus genomen door deze gang van zaken. Omdat Carlo zo nodig wil golfen met de directeur, gaat onze afspraak niet door. En nu moet ik gaan liegen tegen de klant. Wat een slapjanus zeg, die Carlo!'

Hermen probeert aan de hand van de theorie U erachter te komen hoe hij met deze situatie om moet gaan.

Open geest
Het golfen vanmiddag is ook met potentiele klanten van het bedrijf. Dit kan belangrijk zijn en Carlo heeft als marketeer verantwoordelijkheid voor het contact met de klanten. Hij mag prioriteiten stellen in zijn agenda en dan eerder gemaakte afspraken afzeggen. Dat gebeurt soms.

Open hart
Dat Carlo niet het lef heeft om tegen de directeur te zeggen dat hij niet kan, is niet mijn zaak. Bovendien mag ik me ook afvragen hoe belangrijk het meegaan van Carlo nu eigenlijk is. Als hij mee moet omdat ik het nog niet alleen aandurf, dan begrijp ik wel dat hij er niet zo'n prioriteit aan geeft. Blijkbaar is het zo dat hij mijn onderzoek niet heel belangrijk vindt. Oké, dat is dan zo.

Open wil
Ik durf best wel een afspraak af te zeggen met een smoes dat er iemand ziek is geworden. Dat verdient misschien geen schoonheidsprijs, maar het is ook geen doodzonde.
Het gaat niet aan om Carlo op zijn keuze af te rekenen. Dat Carlo het onderzoek niet zo belangrijk vindt, maakt mij niets uit. Dat is zijn zaak. Wat ik wel belangrijk vind, is de verantwoordelijkheid voor het interview en het onderzoek. Als we volgende week pas weer een afspraak kunnen maken, schuift het hele onderzoek op. Dat is niet goed voor mijn planning.

Wie wil ik zijn en wat wil ik betekenen?
Dit gaat helemaal niet over liegen tegen een klant over een te verzetten afspraak. Dit gaat over verantwoordelijkheid voor mijn stageonderzoek. Ja, die heb ik op me te nemen. Ik wil een goed onderzoek laten zien. En daarvoor is het nodig dat ik deze week al het eerste interview heb. En ik wil verantwoordelijkheid nemen voor de interviews en het onderzoek. Ik zorg ervoor dat het goed komt.

Laten komen

Als ik ervoor wil zorgen dat mijn onderzoek goed verloopt, dan moet ik me niet afhankelijk maken van Carlo. Ik kan wel alleen naar dat interview vanmiddag. En als Carlo dat geen goed idee vindt, dan moet hij dat zeggen.

Uitvoeren

Ik ga meteen naar Carlo toe om hem te zeggen dat ik de klant bel dat hij niet meekomt vanmiddag en dat ik voorstel het interview alleen af te nemen. Eens kijken wat hij daarvan zegt en wat ze bij de klant daarvan zeggen.

My actions are the ground on which I stand.

REFLECTIEVRAGEN

7.6 Wanneer heb jij gewikt en gewogen?

7.7 Wanneer heb je echt iets geleerd? Herinner je een situatie waarvan je zegt: toen heb ik geleerd. Beschrijf die situatie.

7.8 In welk opzicht ben je veranderd toen? In welk opzicht veranderde de toekomst die daarop volgde?

7

Samenvatting

► Om tot moreel verantwoord gedrag te komen zijn er drie voorwaarden:
  • Je hebt de intuïtie nodig dat een morele visie op je gedrag op een gegeven moment nodig is.
  • Je moet in staat zijn morele argumenten te formuleren en af te wegen.
  • Je moet de vaardigheid hebben je besluit in gedrag om te zetten.

► Om dit gerealiseerde gedrag te beschrijven, gebruiken we het begrip integriteit.

► Als je integer wilt zijn, dan moet je:
  • in staat zijn je verplichtingen te *identificeren*. Dit betekent dat je ze herkent, én dat je ze aangaat.
  • kunnen *balanceren* tussen verplichtingen. Je moet ze kunnen afwegen, maar eigenlijk moet je jezelf afwegen.
  • sommige idealen kunnen *verdedigen*, met hart en ziel, maar niet ten koste van alles.

► In dit identificeren, balanceren en beschermen is het steeds je betrokkenheid en inzet die het belangrijkst is, veel meer dan het resultaat. Hieruit volgt dat integriteit een deugd is. Het is een uitspraak over het karakter van een persoon.

► Om het normatieve aspect van professioneel functioneren aan te duiden gebruiken we de term normatieve professionaliteit. Dit kan de moraal van het vak betreffen, maar ook sociale of esthetische normen of de spirituele zin van het vak.

► Het leerproces op dit vlak heeft de vorm van tweeslag of drieslag leren, hetgeen betekent dat je met een open geest, open hart en open wil onderzoekt wie je wilt zijn, om van daaruit activiteit te ontplooien om jezelf en je omgeving te veranderen.

'Deug jij voor je vak?'

Niemand is méér geïnteresseerd in jouw morele oordeel dan jij zelf.

8

Systematische morele beoordeling van een situatie

Waarover maak jij je druk?
Wat is je punt?
Wat is jouw vraag?
Meen jij wat je zegt?
En geloven mensen jou?

In hoofdstuk 1 zagen we hoe belangrijk het is om een moreel onderbouwd oordeel te kunnen formuleren. In de hoofdstukken erna hebben we aangegeven hoe je hiertoe komt. Als we een morele kwestie tegenkomen waarvan onze morele intuïtie zegt dat er moreel iets van ons gevraagd wordt, we voelen aan dat er moreel iets aan de hand is, dan proberen we een steekhoudend moreel oordeel te vellen over deze kwestie.

Tot dit morele oordeel komen we door eerst een morele vraag te formuleren over dat wat ons het meest prikkelt in de kwestie. Vervolgens analyseren we welke morele uitgangspunten een rol spelen in het beantwoorden van deze vraag. In dit hoofdstuk komen we tot een stappenplan om dit proces van morele vraag naar moreel onderbouwd oordeel te begeleiden. Maar eerst bespreken we hoe je tot een goede morele vraag komt.

8.1 Formuleren van een morele vraag

We beschouwen ons morele oordeel als een antwoord op een morele vraag. Dit is niet vanzelfsprekend en ook niet eenvoudig, maar het is een hulpmiddel om een proces op gang te krijgen waarin we ons oordeel beter kunnen onderbouwen en uitleggen aan anderen, en waarin we beter kunnen oordelen in situaties die we nog niet eerder hebben meegemaakt.

Morele vraag

Laten we eens kijken hoe een *morele vraag* eruitziet. Aan welke criteria moet een morele vraag voldoen?

> **VOORBEELD 8.1**
>
> Gerwin is afdelingshoofd en hij vindt dat Claire, een van zijn medewerkers, een cursus moet doen voor haar werk. Claire vindt dit prima, maar de cursus is buiten werktijd en Gerwin staat niet toe dat Claire de cursusuren als overuren schrijft. Hij stelt dat Claire blij moet zijn dat het bedrijf de cursus voor haar betaalt. Zij leert er immers van. Dat Claire dit in haar eigen tijd moet doen, is toch niet te veel gevraagd?

Wat voor morele vraag kunnen we over deze situatie stellen? Laten we eerst kijken aan welke kenmerken een goede morele vraag voldoet.
Een relevante morele vraag ziet er als volgt uit:
1 Een morele vraag is in zijn formulering neutraal.
2 De gestelde vraag moet wel een echte vraag zijn.
3 De vraag moet de morele pijn opzoeken.
4 De vraag moet over jouw eigen gedrag gaan.

Ad 1 Een morele vraag is in zijn formulering neutraal

Neutrale formulering

Een vraag als 'Mag Gerwin misbruik maken van zijn macht als baas door Claire op cursus te sturen?' is al veroordelend over Gerwin door het woord misbruik, dat een afkeuring inhoudt. Een betere formulering is: 'Mag Gerwin als baas Claire verplichten op cursus te gaan buiten werktijd?' of: 'Is het rechtvaardig dat Gerwin Claire verplicht op cursus stuurt buiten werktijd?' Nu moet deze neutraliteit niet op de spits gedreven worden. Een morele vraag is nooit vrijblijvend en in die zin nooit neutraal. Dus vragen of iets rechtvaardig of eerlijk is, is altijd een zekere vorm van kritiek, want de vraag komt alleen op als er blijkbaar getwijfeld wordt aan de rechtvaardigheid of eerlijkheid. Het standpunt moet echter niet de overhand krijgen door formuleringen als: 'Kun je het maken om ...', 'Mag je liegen om ...', 'Is het goed dat hij haar bedondert ...' en dergelijke. Dit punt hangt samen met het volgende criterium voor een morele vraag.

Ad 2 De gestelde vraag moet wel een echte vraag zijn

Over de vraag die je stelt, moet je redelijkerwijs wel van mening kunnen verschillen. Dus je moet niet vragen naar iets waarover iedereen het eens is. De vraag 'Mag Gerwin besluiten nemen over het werk van Claire?' is overbodig, want iedereen vindt dat dat mag. Zo zitten hiërarchische organisaties nu eenmaal in elkaar. De vraag of Gerwin besluiten mag nemen die de vrije tijd van Claire raken, is relevanter. Daarover kun je van mening verschillen. We geven nog een voorbeeld van dit verschijnsel. De vraag 'In hoeverre is het moreel aanvaardbaar dat voetbalsupporters treinstellen afbreken?' is overbodig, want iedereen vindt dat niet goed. Een relevante vraag kan zijn: 'Is het een goede zaak dat voetbalsupporters die een trein hebben gesloopt, terug worden gestuurd zonder dat er vervolging plaatsvindt?' Een andere morele vraag kan zijn: 'Is het goed om de hele trein terug te sturen terwijl een kleine groep de trein gesloopt heeft?' Deze vraag kan ook relevant zijn, maar gaat duidelijk over een ander moreel punt. In de vraag moet dus duidelijk naar voren komen welk moreel uitgangspunt centraal staat. Waar zit de morele pijn? Daarover moet de vraag gaan. Dit hangt samen met het volgende criterium.

Ad 3 De vraag moet de morele pijn opzoeken
Een goede morele vraag gaat over datgene waar je je in de betreffende situatie het meest druk om maakt. Als je je druk maakt om de situatie dat iemand vanuit zijn werk verplicht wordt een cursus in haar eigen tijd te volgen, moet je niet vragen: 'Is de cursus noodzakelijk voor het werk?' of: 'Is Gerwin een goede baas?' (Dit zijn overigens ook geen morele vragen.) Het is moeilijker aan dit criterium te voldoen dan het lijkt. Heel vaak weten we niet waar nu precies de morele schoen wringt. We hebben wel een gevoel van onbehagen, en voelen wel een morele onvrede of verontwaardiging, maar dat is veel te vaag. Het vergt het nodige eerlijke denkwerk om uit te zoeken waar de *morele pijn* zit. Bovendien kunnen we door gesprekspartners op het   Morele pijn
verkeerde spoor gezet worden, want waar je je het meest druk om maakt, is persoonsgebonden. Het kan verschillen per persoon.

Een morele vraag moet de morele pijn opzoeken, zoals een tong de zere kies opzoekt.

Ad 4 De vraag moet over jouw eigen gedrag gaan
Een vraag als 'Is het goed dat het bedrijf macht heeft over Claire?' is niet gericht op een gedragskeuze van iemand. De vraag is daardoor te vaag en veelomvattend en niet geschikt. Bovendien heeft het alleen zin om morele vragen te stellen die over jouw gedrag gaan. Over een ander oordelen is gratuit, maar je eigen keuzes zijn dat niet. Niemand is meer geïnteresseerd in jouw morele oordeel dan jij zelf. In dit boek oefenen we met voorbeelden die niet van jezelf zijn. Dat is inherent aan een onderwijssituatie. Maar in real life heeft het alleen zin om je over morele vragen te buigen waar jouw gedrag een verschil maakt.

Niemand is méér geïnteresseerd in jouw morele oordeel dan jij zelf.

We kijken even terug. Waarom was het stellen en beantwoorden van een morele vraag zo belangrijk? We kozen aan het eind van hoofdstuk 1 voor de volgende aanpak:

1 Om onze morele competentie te verhogen, moeten we onze morele oordelen beter onderbouwen.
2 Hiertoe formuleren we een morele vraag, waarop ons intuïtief moreel oordeel een antwoord *kan* zijn.
3 Deze vraag gaan we vervolgens systematisch beantwoorden.
4 In het proces van het systematisch beantwoorden van de vraag komen dan vanzelf de relevante morele argumenten boven drijven.

Is hiermee voldoende gezegd? Voldoen we hiermee aan de opdracht onze morele competentie te verhogen? Neen. In de volgende paragraaf kijken we naar de *houding* die nodig is om zo'n zoektocht naar argumenten vruchtbaar te laten zijn.

REFLECTIEVRAAG
8.1   Kun jij een vraag stellen aan jezelf? Echt?

8.2 Moreel denken is gevoelig denken

Het systematisch beantwoorden van morele vragen, ook al gebeurt het nog zo nauwkeurig aan de hand van ethische theorieën en een stappenplan, stelt niets voor als degene die het uitvoert niet zelf bewogen wordt door een oprechte zorg voor het morele lot van zichzelf en de medemens. Morele competentie is een zaak van argumenten én een zaak van het hart.
Dit heeft de volgende consequenties:
1 We moeten de argumenten die we inbrengen in een morele afweging (zeg maar: invullen in een moreel stappenplan), kritisch onder de loep nemen en kijken of we ze werkelijk voor onze rekening nemen.
2 We moeten extra aandacht besteden aan de vraag of we daadwerkelijk gaan doen wat we concluderen dat goed is.

Over dit laatste punt, dus over de vraag of we onze goede voornemens ook uitvoeren, handelde hoofdstuk 7. We besteden nu aandacht aan het werkelijk menen van onze argumenten.

Meerdere keren is benadrukt dat de morele vraag die je stelt over een kwestie, een gemeende vraag moet zijn. Het stellen van een morele vraag is een keuze, jouw keuze! Er kunnen immers altijd andere vragen gesteld worden. Dus je moet de vraag die je stelt wel menen. In die zin is het stellen van een morele vraag al net zo'n persoonsgebonden morele activiteit als het oordelen, waarvan we in hoofdstuk 1 aangaven dat het aan de persoon gebonden is. Maar als een morele vraag en een bijbehorend moreel oordeel aan een persoon gebonden zijn, dan zijn de argumenten die de verbinding tussen die twee vormen, natuurlijk ook persoonsgebonden. En dat kennen we ook uit onze morele ervaringen. Wat voor de één een sterk en overtuigend argument is, is voor de ander een onbelangrijk gegeven.

'Het hart heeft zijn redenen die het verstand niet kent.'

— Blaise Pascal, Frans wiskundige

Bij het beantwoorden van een morele vraag is het niet zozeer zaak het juiste argument te vinden in de bibliotheek van de ethische theorie. Het komt er vooral op aan het juiste argument te vinden in je eigen bibliotheek, in je eigen verzameling morele ervaringen, halve gedachten, vage herinneringen en eerder gevormde oordelen. Hiervoor is het nodig dat je *gevoelig denkt*. Dit betekent dat je openstaat voor zwakheden en halve waarheden in je eigen bibliotheek van morele argumenten, maar natuurlijk ook dat je eerlijk bent als een kwestie principieel is voor jou. Dat een morele overtuiging gewoon rotsvast staat. Als je geconstateerd hebt dat een overtuiging principieel is, moet je dat ook erkennen. Hetgeen je niet van de plicht ontslaat om voor de overtuiging weer argumenten aan te voeren, waarvan je dan weer gevoelig na moet gaan of je die argumenten wel meent.

Gevoelig denken

'Je moet het wel menen, Potter!'

— Severus Sneep

Kortom, het vormen van een moreel oordeel is een zaak waar je met je hele hebben en houden in zit. Je zit er met je hele persoon in en je sociale omgeving kent je aan de wijze waarop je een oordeel vormt en er uiting aan geeft. Alleen dan maken al je morele overwegingen een verschil. Zo niet, dan is het een overbodige inspanning. Het is ongeveer zoals Harry Potter, die probeert Draco Malfidus te vervloeken maar dit niet goed durft, waardoor de vervloeking niet werkt. 'Je moet het wel menen, Potter!', snauwt Sneep hem toe. Dit *menen wat je zegt* en daardoor ook effect hebben met je woorden, noemden we in het vorige hoofdstuk de *integriteit* van de professional.

Menen wat je zegt
Integriteit

REFLECTIEVRAAG
8.2   Meen jij wat je zegt? En blijkt dit ook uit het effect van je woorden op anderen?

8.3 ## Stappenplan voor een onderbouwd moreel oordeel

Als je een moreel oordeel geeft over een situatie of een handeling heb je meestal al een intuïtief moreel oordeel. Dit intuïtief oordelen kan heel goed werken zolang het morele vraagstuk niet al te complex is en zolang je niet aan anderen hoeft uit te leggen waarom je iets vindt. Is de situatie wel complex, kom je er met je intuïtie niet uit, of vragen anderen wel om een verantwoording van je oordeel, dan is het zaak om een onderbouwd moreel oordeel te formuleren. Om hiertoe te komen, gebruiken we het volgende *stappenplan*.

Stappenplan

Het toepassen van het stappenplan is geen vraag-en-antwoordspel. Zoals we in de vorige paragraaf hebben gezien, vergt het gebruik van het stappenplan een genuanceerd denken. Zo zullen in de meeste morele kwesties lang niet alle vragen in het stappenplan relevant zijn. Als een moreel uitgangspunt geen rol speelt in de kwestie, constateer dat dan ('vrijheid speelt geen rol in deze kwestie') en sla het over in het stappenplan. Bovendien zit er overlap tussen stap 1 en stap 2. Het stappenplan is vergelijkbaar met een handleiding van een IKEA-kast. Het is allemaal volkomen vanzelfsprekend. Je begrijpt alle plaatjes, tot het plotseling niet meer klopt. Je moet dan terug in de beschrijving en kijken waar je iets verkeerd hebt gedaan. Het enige dat je kunt doen is rustig, nauwkeurig blijven kijken in hetzelfde stappenplan.

Stappenplan voor een onderbouwd moreel oordeel

Stap 1   Beschrijf de situatie
a Wat is er aan de hand?
b Welke vraag wil jij beantwoorden?

Stap 2   Morele analyse
Welke normen, waarden en deugden spelen *in deze vraag* een rol?
a Wat zijn de (moreel relevante) gevolgen van de verschillende keuzes? Welke waarden worden gerealiseerd met een keuze?
b Wat zijn de morele plichten die op het spel staan? Welke norm wil je waarmaken? Welke norm durf je te overtreden?
c Wat voor mens wil je zijn? Wat betekent een keuze voor jou persoonlijk?

Verantwoordelijkheid
a Welke verantwoordelijkheden spelen een rol?
b Wat voor soort verantwoordelijkheden zijn dit?

Vrijheden en rechten
a Welke vrijheden staan op het spel?
b Welke rechten staan op het spel?

Rechtvaardigheid
Is er sprake van een onrechtvaardige behandeling, verdeling of een onrechtvaardige procedure?

Stap 3   Formulering van een oordeel
a Welke concrete invullingen van de morele uitgangspunten, in termen van de kwestie die aan de orde is, vind je het meest belangrijk?
b Beantwoord je morele vraag in concrete bewoordingen.

Stap 4   Reflectie op het oordeel
a Heb je aan de gevolgen gedacht?
b Heb je gedacht aan dat waartoe je je verplicht voelt, en aan wat voor mens je wilt zijn?
c Hoe voel je je bij deze conclusie?
d Ga je het ook doen?

Toelichting op het stappenplan

Stap I Eerste beschrijving

a Bestudeer de situatie en leg uit welke morele vragen hij oproept. Dit zijn er bijna altijd meerdere.

b Kies de vraag die jij wilt beantwoorden. Dit moet de vraag zijn die het meest discussie oproept, de meeste verontwaardiging bij je losmaakt. Let er daarbij op dat er een gedragskeuze van iemand centraal staat en de vraag geen veroordelende formuleringen bevat.

Stap 2 Morele uitgangspunten

Geef aan welke normen, waarden en deugden (morele uitgangspunten) van belang zijn voor de beantwoording van de vraag. Formuleer de normen specifiek en leg uit hoe de waarden en deugden *precies* een rol spelen in deze kwestie. Let erop dat je je beperkt tot die morele uitgangspunten die van belang zijn voor *jouw vraag*. Dus niet alles wat speelt in de situatie noemen.

Verantwoordelijkheid

a Wie is de hoofdverantwoordelijke in de door jou geformuleerde vraag? Wat is precies de verantwoordelijkheid die een verschil maakt voor het antwoord op jouw vraag (of wat zijn de verantwoordelijkheden die een verschil maken)? Let op dat je nauwkeurig beschrijft wat de verantwoordelijke precies moet doen. Wat voor soort verantwoordelijkheid betreft dit?

b Zijn er wettelijke verplichtingen en afspraken in een organisatie, of is het een morele plicht?

Vrijheden en rechten

a Geef bij alle betrokkenen aan welke vrijheden ze hebben, zouden moeten hebben of welke vrijheden juist aangetast worden. Let op dat je alleen vrijheden noemt die een verschil maken voor het antwoord op jouw morele vraag. Om wat voor soort vrijheden gaat het? Is het een *vrijheid van* of een *vrijheid tot*?

b Beargumenteer of de hiervoor genoemde vrijheden ook rechten zijn. Indien ja, leg uit wat voor soort rechten het zijn. Analyseer welke vrijheden en rechten tegengesteld zijn in deze kwestie en of ze daadwerkelijk botsen. Indien er vrijheden of rechten botsen, geef aan op basis van de vuistregel bij vrijheid en rechten welke vrijheid en welk recht het zwaarst moet wegen.

Rechtvaardigheid

Hoe speelt de waarde rechtvaardigheid een rol? Is er sprake van een onrechtvaardige behandeling, verdeling of een onrechtvaardige procedure? Welke grondrechten zijn in het geding? Zijn er wellicht specifieke rechten die al dan niet erkend moeten worden? Als het een verdelingskwestie is: welk principe van verdeling wordt gebruikt, en is dit het juiste principe in deze situatie? Leg uit waarom. Kun je kritiek uitoefenen op de gevolgde procedure? Is er rechtvaardig gekozen voor deze procedure en realiseert deze procedure de gewenste principes?

Stap 3 Formulering van een oordeel

a Welke concrete invullingen van de morele uitgangspunten (normen, waarden, deugden) die je geanalyseerd hebt in stap 1 en 2 vind je het meest belangrijk? Licht toe waarom je deze morele uitgangspunten het meest belangrijk vindt met behulp van wat je in de analyse geschreven hebt over vrijheid, recht, morele verantwoordelijkheid en rechtvaardigheid. Formuleer zo veel mogelijk concreet, in termen van de kwestie die aan de orde is.

b Beantwoord je morele vraag in concrete bewoordingen.

Stap 4 Reflectie op het oordeel

a Heb je van verschillende soorten ethiek gebruikgemaakt? Zijn er zowel normen als waarden als deugden betrokken bij je conclusie? Zo niet, probeer nogmaals om ze te vinden.

b Hoe voel je je bij deze conclusie? Heb je er vertrouwen in dat je goed zit? Durf je met je beslissing in de krant? Vertel je het thuis in geuren en kleuren? Indien dit niet het geval is, begin weer bij stap 1.

c Ga je het ook doen? Ga je je morele oordeel uitvoeren? Ga je zeggen wat je vindt of ga je doen wat jij vindt dat goed is om te doen? Indien nee, slaap er nog een nachtje over en bespreek de kwestie dan met iemand die eerlijk genoeg is om je tegen te spreken.

Samenvatting

▶ Een stappenplan kun je pas toepassen als je een goede morele vraag hebt. Criteria hiervoor zijn:
  - Een morele vraag is in zijn formulering neutraal.
  - Het moet wel een echte vraag zijn.
  - De vraag moet de morele pijn opzoeken.
  - De vraag moet over jouw gedrag gaan.

▶ Vervolgens is het zaak te menen wat je zegt (in gedachten).

▶ Voor het toepassen van het stappenplan ter beoordeling van een morele vraag is een gevoelig denken nodig.

'Klopt het?'

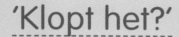

8

Literatuur

Geraadpleegde literatuur
Veruit de meeste ideeën in dit boek zijn van anderen afkomstig. Het behoort echter tot het karakter van een lesboek geen precieze verwijzingen en verantwoording op te nemen. Van al het werk dat geraadpleegd is, noemen we de belangrijkste titels, niet als een poging tot verantwoording, dat is niet meer mogelijk, maar als verwijzing. Wie meer wil lezen, kan deze publicaties ter hand nemen.

Asperen, G.M. van (1986). *Tussen coöperatie en conflict: inleiding in de sociale filosofie.* Assen: Van Gorcum.

Badaracco, J.L. (2003). *Goed versus goed; managers en morele dilemma's.* Zaltbommel: Thema.

Bijlsma, J. (2005). *Over het voortreffelijke; tien lezingen over de ethica van Aristoteles.* Houten: Bohn Stafleu van Loghum.

Bolt, L., Verweij, M. & Delden, J. van (2003). *Ethiek in praktijk* (4e druk). Assen: Van Gorcum.

Bovens, M. (1990). *Verantwoordelijkheid en organisatie.* Zwolle: Tjeenk Willink.

Covey, S.R. (2000). *De zeven eigenschappen van effectief leiderschap.* Amsterdam: Business Contact.

Dalen, W. van (2009). *Integriteit in uitvoering; Morele competenties voor professionals.* Groningen: Noordhoff Uitgevers.

Dalrymple, Th.(2004). *Leven aan de onderkant; het systeem dat de onderklasse in stand houdt.* Utrecht: Spectrum.

Delnoij, J. & Dalen, W. van (Red.) (2003). *Het socratisch gesprek.* Budel: Damon.

Dohmen, J. (2002). *Over levenskunst; de grote filosofen over het goede leven.* Amsterdam: Ambo.

Dupuis, H.M. (1980). *Goed te leven: reflecties op de moraal.* Baarn: Ten Have.

Ebskamp, J. & Kroon, H. (1994). *Beroepsethiek voor sociale en pedagogische hulpverlening.* Nijkerk: Intro.

Engelfriet, R. & Geer, P. van der (2004). *Hoe vang ik een rat?* Eindhoven: Pepijn.

Epiktetos (1994). *Zakboekje; wenken voor een evenwichtig leven.* Vertaald en toegelicht door Hein van Dolen en Charles Hupperts. Nijmegen: Sun.

Frankena, W.K. (1978). *Fundamentele ethiek.* Assen: Van Gorcum.

Goleman, D. (1996). *Emotionele intelligentie: emoties als sleutel tot succes.* Amsterdam: Contact.

Hubbeling, H.G. & Veldhuis, R. (Red.) (1985). *Ethiek in meervoud.* Assen: Van Gorcum.

Jeurissen, R. (Red.) (2004). *Bedrijfsethiek een goede zaak* (4e druk). Assen: Van Gorcum.

Kaptein, M. (2002). *De integere manager.* Assen: Van Gorcum.

Karssing, E. (2006). *Integriteit in de beroepspraktijk.* Assen: Van Gorcum.

Kessels, J. (1997). *Socrates op de markt; filosofie in bedrijf.* Amsterdam: Boom.

Kessels, J., Boers, E. & Mostert, P. (2002). *Vrije ruimte; filosoferen in organisaties; klassieke scholing voor de hedendaagse praktijk.* Amsterdam: Boom.

Lier, M. van (2000). *De 9 deugden voor je werk.* Utrecht: Het Spectrum.

MacIntyre, A. (1981). *After Virtue.* Notre Dame: University of Notre Dame Press.

MacIntyre, A. (2002). *After Virtue; a study in moral theory* (2nd edition). Notre Dame: University of Notre Dame Press.

McCoy, B.H. (2008). *Living into leadership; a journey in ethics.* Stanford: Stanford University Press.

McLemore, C.W. (2003). *Street smart ethics; succeeding in business without selling your soul.* Louisville: Westminster John Knox Press.

Morris, T. (1997). *If Aristotle Ran General Motors.* New York: Henry Hold & Co.

Musschenga, B. (2004). *Integriteit; over de eenheid en heelheid van de persoon.* Utrecht: Lemma.

Nussbaum, M. (1998). *Wat liefde weet. Emoties en moreel oordelen.* Amsterdam: Boom-Parrèsia.

Scharmer, C.O. (2010). *Theorie U - Leiding vanuit de toekomst die zich aandient.* Zeist: Christofoor.

Trompenaars, F. (1996). *Zakendoen over de grens; leren omgaan met andere culturen.* Amsterdam: Contact.

Velasquez, M.G. (1998). *Business Ethics: concepts and cases* (4th edition). New Jersey: Prentice Hall.

Vijver, H. (1998). *Ethiek van de gastvrijheid; een bedrijfsethiek voor de dienstverlening* (2e druk). Assen: Van Gorcum.

Wempe, J. & Melis, K. (1999). *Management en Moraal.* Houten: Stenfert Kroese.

Wierdsma, A., & Swieringa, J. (2011). *Lerend organiseren en veranderen.* Groningen: Noordhoff Uitgevers.

Bijlage 1
Grondwet van het Koninkrijk der Nederlanden 2002 (hoofdstuk 1)

HOOFDSTUK 1 Grondrechten

Artikel 1	Allen die zich in Nederland bevinden, worden in gelijke gevallen gelijk behandeld. Discriminatie wegens godsdienst, levensovertuiging, politieke gezindheid, ras, geslacht of op welke grond dan ook, is niet toegestaan.
Artikel 2	1. De wet regelt wie Nederlander is. 2. De wet regelt de toelating en de uitzetting van vreemdelingen. 3. Uitlevering kan slechts geschieden krachtens verdrag. Verdere voorschriften omtrent uitlevering worden bij de wet gegeven. 4. Ieder heeft het recht het land te verlaten, behoudens in de gevallen, bij de wet bepaald.
Artikel 3	Alle Nederlanders zijn op gelijke voet in openbare dienst benoembaar.
Artikel 4	Iedere Nederlander heeft gelijkelijk recht de leden van algemeen vertegenwoordigende organen te verkiezen alsmede tot lid van deze organen te worden verkozen, behoudens bij de wet gestelde beperkingen en uitzonderingen.
Artikel 5	Ieder heeft het recht verzoeken schriftelijk bij het bevoegd gezag in te dienen.
Artikel 6	1. Ieder heeft het recht zijn godsdienst of levensovertuiging, individueel of in gemeenschap met anderen, vrij te belijden, behoudens ieders verantwoordelijkheid volgens de wet. 2. De wet kan ter zake van de uitoefening van dit recht buiten gebouwen en besloten plaatsen regels stellen ter bescherming van de gezondheid, in het belang van het verkeer en ter bestrijding of voorkoming van wanordelijkheden.
Artikel 7	1. Niemand heeft voorafgaand verlof nodig om door de drukpers gedachten of gevoelens te openbaren, behoudens ieders verantwoordelijkheid volgens de wet. 2. De wet stelt regels omtrent radio en televisie. Er is geen voorafgaand toezicht op de inhoud van een radio- of televisie-uitzending. 3. Voor het openbaren van gedachten of gevoelens door andere dan in de voorgaande leden genoemde middelen heeft niemand voorafgaand verlof nodig wegens de inhoud daarvan, behoudens ieders verantwoordelijkheid volgens de wet. De wet kan het geven van vertoningen toegankelijk voor personen jonger dan zestien jaar regelen ter bescherming van de goede zeden. 4. De voorgaande leden zijn niet van toepassing op het maken van handelsreclame.

Artikel 8	Het recht tot vereniging wordt erkend. Bij de wet kan dit recht worden beperkt in het belang van de openbare orde.

Artikel 9	1. Het recht tot vergadering en betoging wordt erkend, behoudens ieders verantwoordelijkheid volgens de wet.
	2. De wet kan regels stellen ter bescherming van de gezondheid, in het belang van het verkeer en ter bestrijding of voorkoming van wanordelijkheden.

Artikel 10	1. Ieder heeft, behoudens bij of krachtens de wet te stellen beperkingen, recht op eerbiediging van zijn persoonlijke levenssfeer.
	2. De wet stelt regels ter bescherming van de persoonlijke levenssfeer in verband met het vastleggen en verstrekken van persoonsgegevens.
	3. De wet stelt regels inzake de aanspraken van personen op kennisneming van over hen vastgelegde gegevens en van het gebruik dat daarvan wordt gemaakt, alsmede op verbetering van zodanige gegevens.

Artikel 11	Ieder heeft, behoudens bij of krachtens de wet te stellen beperkingen, recht op onaantastbaarheid van zijn lichaam.

Artikel 12	1. Het binnentreden in een woning zonder toestemming van de bewoner is alleen geoorloofd in de gevallen bij of krachtens de wet bepaald, door hen die daartoe bij of krachtens de wet zijn aangewezen.
	2. Voor het binnentreden overeenkomstig het eerste lid zijn voorafgaande legitimatie en mededeling van het doel van het binnentreden vereist, behoudens bij de wet gestelde uitzonderingen.
	3. Aan de bewoner wordt zo spoedig mogelijk een schriftelijk verslag van het binnentreden verstrekt. Indien het binnentreden in het belang van de nationale veiligheid of dat van de strafvordering heeft plaatsgevonden, kan volgens bij de wet te stellen regels de verstrekking van het verslag worden uitgesteld. In de bij de wet te bepalen gevallen kan de verstrekking achterwege worden gelaten, indien het belang van de nationale veiligheid zich tegen verstrekking blijvend verzet.

Artikel 13	1. Het briefgeheim is onschendbaar, behalve, in de gevallen bij de wet bepaald, op last van de rechter.
	2. Het telefoon- en telegraafgeheim is onschendbaar, behalve, in de gevallen bij de wet bepaald, door of met machtiging van hen die daartoe bij de wet zijn aangewezen.

Artikel 14	1. Onteigening kan alleen geschieden in het algemeen belang en tegen vooraf verzekerde schadeloosstelling, een en ander naar bij of krachtens de wet te stellen voorschriften.
	2. De schadeloosstelling behoeft niet vooraf verzekerd te zijn, wanneer in geval van nood onverwijld onteigening geboden is.
	3. In de gevallen bij of krachtens de wet bepaald bestaat recht op schadeloosstelling of tegemoetkoming in de schade, indien in het algemeen belang eigendom door het bevoegd gezag wordt vernietigd of onbruikbaar gemaakt of de uitoefening van het eigendomsrecht wordt beperkt.

Artikel 15	1. Buiten de gevallen bij of krachtens de wet bepaald mag niemand zijn vrijheid worden ontnomen. 2. Hij aan wie anders dan op rechterlijk bevel zijn vrijheid is ontnomen, kan aan de rechter zijn invrijheidstelling verzoeken. Hij wordt in dat geval door de rechter gehoord binnen een bij de wet te bepalen termijn. De rechter gelast de onmiddellijke invrijheidstelling, indien hij de vrijheidsontneming onrechtmatig oordeelt. 3. De berechting van hem aan wie met het oog daarop zijn vrijheid is ontnomen, vindt binnen een redelijke termijn plaats. 4. Hij aan wie rechtmatig zijn vrijheid is ontnomen, kan worden beperkt in de uitoefening van grondrechten voor zover deze zich niet met de vrijheidsontneming verdraagt.
Artikel 16	Geen feit is strafbaar dan uit kracht van een daaraan voorafgegane wettelijke strafbepaling.
Artikel 17	Niemand kan tegen zijn wil worden afgehouden van de rechter die de wet hem toekent.
Artikel 18	1. Ieder kan zich in rechte en in administratief beroep doen bijstaan. 2. De wet stelt regels omtrent het verlenen van rechtsbijstand aan minder draagkrachtigen.
Artikel 19	1. Bevordering van voldoende werkgelegenheid is voorwerp van zorg der overheid. 2. De wet stelt regels omtrent de rechtspositie van hen die arbeid verrichten en omtrent hun bescherming daarbij, alsmede omtrent medezeggenschap. 3. Het recht van iedere Nederlander op vrije keuze van arbeid wordt erkend, behoudens de beperkingen bij of krachtens de wet gesteld.
Artikel 20	1. De bestaanszekerheid der bevolking en spreiding van welvaart zijn voorwerp van zorg der overheid. 2. De wet stelt regels omtrent de aanspraken op sociale zekerheid. 3. Nederlanders hier te lande, die niet in het bestaan kunnen voorzien, hebben een bij de wet te regelen recht op bijstand van overheidswege.
Artikel 21	De zorg van de overheid is gericht op de bewoonbaarheid van het land en de bescherming en verbetering van het leefmilieu.
Artikel 22	1. De overheid treft maatregelen ter bevordering van de volksgezondheid. 2. Bevordering van voldoende woongelegenheid is voorwerp van zorg der overheid. 3. Zij schept voorwaarden voor maatschappelijke en culturele ontplooiing en voor vrijetijdsbesteding.
Artikel 23	1. Het onderwijs is een voorwerp van de aanhoudende zorg der regering. 2. Het geven van onderwijs is vrij, behoudens het toezicht van de overheid en, voor wat bij de wet aangewezen vormen van onderwijs betreft, het onderzoek naar de bekwaamheid en de zedelijkheid van hen die onderwijs geven, een en ander bij de wet te regelen. 3. Het openbaar onderwijs wordt, met eerbiediging van ieders godsdienst of levensovertuiging, bij de wet geregeld.

4. In elke gemeente wordt van overheidswege voldoend openbaar algemeen vormend lager onderwijs gegeven in een genoegzaam aantal scholen. Volgens bij de wet te stellen regels kan afwijking van deze bepaling worden toegelaten, mits tot het ontvangen van zodanig onderwijs gelegenheid wordt gegeven.

5. De eisen van deugdelijkheid, aan het geheel of ten dele uit de openbare kas te bekostigen onderwijs te stellen, worden bij de wet geregeld, met inachtneming, voor zover het bijzonder onderwijs betreft, van de vrijheid van richting.

6. Deze eisen worden voor het algemeen vormend lager onderwijs zodanig geregeld, dat de deugdelijkheid van het geheel uit de openbare kas bekostigd bijzonder onderwijs en van het openbaar onderwijs even afdoende wordt gewaarborgd. Bij die regeling wordt met name de vrijheid van het bijzonder onderwijs betreffende de keuze der leermiddelen en de aanstelling der onderwijzers geëerbiedigd.

7. Het bijzonder algemeen vormend lager onderwijs, dat aan de bij de wet te stellen voorwaarden voldoet, wordt naar dezelfde maatstaf als het openbaar onderwijs uit de openbare kas bekostigd. De wet stelt de voorwaarden vast, waarop voor het bijzonder algemeen vormend middelbaar en voorbereidend hoger onderwijs bijdragen uit de openbare kas worden verleend.

8. De regering doet jaarlijks van de staat van het onderwijs verslag aan de Staten-Generaal.

Bijlage 2
Universele Verklaring van de Rechten van de Mens

Preambule

Overwegende, dat erkenning van de inherente waardigheid en van de gelijke en onvervreemdbare rechten van alle leden van de mensengemeenschap grondslag is voor de vrijheid, gerechtigheid en vrede in de wereld;

Overwegende, dat terzijdestelling van en minachting voor de rechten van de mens geleid hebben tot barbaarse handelingen, die het geweten van de mensheid geweld hebben aangedaan en dat de uitkomst van een wereld, waarin de mensen vrijheid van meningsuiting en geloof zullen genieten, en vrij zullen zijn van vrees en gebrek, is verkondigd als het hoogste ideaal van iedere mens;

Overwegende, dat het van het hoogste belang is, dat de rechten van de mens beschermd worden door de suprematie van het recht, opdat de mens niet gedwongen worde om in laatste instantie zijn toevlucht te nemen tot opstand tegen tirannie en onderdrukking;

Overwegende, dat het van het hoogste belang is, de ontwikkeling van vriendschappelijke betrekkingen tussen de naties te bevorderen;

Overwegende, dat de volkeren van de Verenigde Naties in het Handvest hun vertrouwen in de fundamentele rechten van de mens, in de waardigheid en de waarde van de mens en in de gelijke rechten van mannen en vrouwen opnieuw hebben bevestigd, en besloten hebben, sociale vooruitgang en een hogere levensstandaard in groter vrijheid te bevorderen;

Overwegende, dat de Staten, welke Lid zijn van de Verenigde Naties, zich plechtig verbonden hebben om, in samenwerking met de Organisatie van de Verenigde Naties, overal de eerbied voor de inachtneming van de rechten van de mens en de fundamentele vrijheden te bevorderen;

Overwegende, dat het van het grootste belang is voor de volledige nakoming van deze verbintenis, dat een ieder begrip hebbe voor deze rechten en vrijheden;

Op grond daarvan proclameert de ALGEMENE VERGADERING deze Universele Verklaring van de Rechten van de Mens als het gemeenschappelijk door alle volkeren en alle naties te bereiken ideaal, opdat ieder individu en elk orgaan van de gemeenschap, met deze Verklaring voortdurend voor ogen, er naar zal streven, door onderwijs en opvoeding de eerbied voor deze rechten en vrijheden te bevorderen, en door vooruitstrevende maatregelen, op nationaal en internationaal terrein, deze rechten algemeen en daadwerkelijk te doen erkennen en toepassen, zowel onder de volkeren van Staten, die Lid zijn van de Verenigde Naties zelf, als onder de volkeren van gebieden, die onder hun jurisdictie staan:

Artikel 1	Alle mensen worden vrij en gelijk in waardigheid en rechten geboren. Zij zijn begiftigd met verstand en geweten, en behoren zich jegens elkander in een geest van broederschap te gedragen.
Artikel 2	1. Een ieder heeft aanspraak op alle rechten en vrijheden, in deze Verklaring opgesomd, zonder enig onderscheid van welke aard ook, zoals ras, kleur, geslacht, taal, godsdienst, politieke of andere overtuiging, nationale of maatschappelijke afkomst, eigendom, geboorte of andere status. 2. Verder zal geen onderscheid worden gemaakt naar de politieke, juridische of internationale status van het land of gebied, waartoe iemand behoort, onverschillig of het een onafhankelijk, trust-, of niet-zelfbesturend gebied betreft, dan wel of er een andere beperking van de souvereiniteit bestaat.
Artikel 3	Een ieder heeft recht op leven, vrijheid en onschendbaarheid van zijn persoon.
Artikel 4	Niemand zal in slavernij of horigheid gehouden worden. Slavernij en slavenhandel in iedere vorm zijn verboden.
Artikel 5	Niemand zal onderworpen worden aan folteringen, noch aan wrede, onmenselijke of onterende behandeling of bestraffing.
Artikel 6	Een ieder heeft, waar hij zich ook bevindt, het recht als persoon erkend te worden voor de wet.
Artikel 7	Allen zijn gelijk voor de wet en hebben zonder onderscheid aanspraak op gelijke bescherming door de wet. Allen hebben aanspraak op gelijke bescherming tegen iedere achterstelling in strijd met deze Verklaring en tegen iedere ophitsing tot een dergelijke achterstelling.
Artikel 8	Een ieder heeft recht op daadwerkelijke rechtshulp van bevoegde nationale rechterlijke instanties tegen handelingen, welke in strijd zijn met de grondrechten, hem toegekend bij Grondwet of wet.
Artikel 9	Niemand zal onderworpen worden aan willekeurige arrestatie, detentie of verbanning.
Artikel 10	Een ieder heeft in volle gelijkheid recht op een eerlijke en openbare behandeling van zijn zaak door een onafhankelijke en onpartijdige rechterlijke instantie bij het vaststellen van zijn rechten en verplichtingen en bij het bepalen van de gegrondheid van een tegen hem ingestelde strafvervolging.
Artikel 11	1. Een ieder, die wegens een strafbaar feit wordt vervolgd, heeft er recht op voor onschuldig gehouden te worden, totdat zijn schuld krachtens de wet bewezen wordt in een openbare rechtszitting, waarbij hem alle waarborgen, nodig voor zijn verdediging, zijn toegekend. 2. Niemand zal voor schuldig gehouden worden aan enig strafrechtelijk vergrijp op grond van enige handeling of enig verzuim, welke naar nationaal of internationaal recht geen strafrechtelijk vergrijp betekenden op het tijdstip, waarop de handeling of het verzuim begaan werd. Evenmin zal een zwaardere straf worden opgelegd dan die, welke ten tijde van het begaan van het strafbare feit van toepassing was.

Artikel 12	Niemand zal onderworpen worden aan willekeurige inmenging in zijn persoonlijke aangelegenheden, in zijn gezin, zijn tehuis of briefwisseling, noch aan enige aantasting van zijn eer of goede naam. Tegen een dergelijke inmenging of aantasting heeft een ieder recht op bescherming door de wet.
Artikel 13	Een ieder heeft het recht zich vrijelijk te verplaatsen en te vertoeven binnen de grenzen van elke Staat. Een ieder heeft het recht, welk land ook, met inbegrip van het zijne, te verlaten en daarnaar terug te keren.
Artikel 14	1. Een ieder heeft het recht om in andere landen asiel te zoeken en te genieten tegen vervolging. 2. Op dit recht kan geen beroep worden gedaan ingeval van strafvervolging wegens misdrijven van niet-politieke aard of handelingen in strijd met de doeleinden en beginselen van de Verenigde Naties.
Artikel 15	Een ieder heeft recht op een nationaliteit. Aan niemand mag willekeurig zijn nationaliteit worden ontnomen, noch het recht worden ontzegd om van nationaliteit te veranderen.
Artikel 16	Zonder enige beperking op grond van ras, nationaliteit of godsdienst, hebben mannen en vrouwen van huwbare leeftijd het recht om te huwen en een gezin te stichten. Zij hebben gelijke rechten wat het huwelijk betreft, tijdens het huwelijk en bij de ontbinding er van. Een huwelijk kan slechts worden gesloten met de vrije en volledige toestemming van de aanstaande echtgenoten. Het gezin is de natuurlijke en fundamentele groepseenheid van de maatschappij en heeft recht op bescherming door de maatschappij en de Staat.
Artikel 17	1. Een ieder heeft recht op eigendom, hetzij alleen, hetzij tezamen met anderen. 2. Niemand mag willekeurig van zijn eigendom worden beroofd.
Artikel 18	Een ieder heeft recht op vrijheid van gedachte, geweten en godsdienst; dit recht omvat tevens de vrijheid om van godsdienst of overtuiging te veranderen, alsmede de vrijheid hetzij alleen, hetzij met anderen, zowel in het openbaar als in zijn particuliere leven, zijn godsdienst of overtuiging te belijden door het onderwijzen ervan, door de praktische toepassing, door eredienst en het onderhouden van de geboden en voorschriften.
Artikel 19	Een ieder heeft recht op vrijheid van mening en meningsuiting. Dit recht omvat de vrijheid, zonder inmenging een mening te koesteren en door alle middelen en ongeacht grenzen, inlichtingen en denkbeelden op te sporen, te ontvangen en door te geven.
Artikel 20	Een ieder heeft recht op vrijheid van vreedzame vereniging en vergadering.
Artikel 21	1. Een ieder heeft het recht, deel te nemen aan het bestuur van zijn land, direct of door middel van vrij gekozen vertegenwoordigers. 2. Een ieder heeft het recht, op voet van gelijkheid te worden toegelaten tot de overheidsdiensten van zijn land.

3. De wil van het volk zal de grondslag zijn van het gezag van de Regering; deze wil zal tot uiting komen in periodieke en eerlijke verkiezingen, die gehouden zullen worden krachtens algemeen en gelijkwaardig kiesrecht en bij geheime stemmingen of volgens een procedure, die evenzeer de vrijheid van stemmen verzekert.

Artikel 22

Een ieder heeft als lid van de gemeenschap recht op maatschappelijke zekerheid, en heeft er aanspraak op, dat door middel van nationale inspanning en internationale samenwerking, en overeenkomstig de organisatie en de hulpbronnen van de betreffende staat, de economische, sociale en culturele rechten, die onmisbaar zijn voor zijn waardigheid en voor de vrije ontplooiing van zijn persoonlijkheid, verwezenlijkt worden.

Artikel 23

1. Een ieder heeft recht op arbeid, op vrije keuze van beroep, op rechtvaardige en gunstige arbeidsvoorwaarden en op bescherming tegen werkloosheid.
2. Een ieder, zonder enige achterstelling, heeft recht op gelijk loon voor gelijke arbeid.
3. Een ieder, die arbeid verricht, heeft recht op een rechtvaardige en gunstige beloning, welke hem en zijn gezin een menswaardig bestaan verzekert, welke beloning zo nodig met andere middelen van sociale bescherming zal worden aangevuld.
4. Een ieder heeft het recht om vakverenigingen op te richten en zich daarbij aan te sluiten ter bescherming van zijn belangen.

Artikel 24

Een ieder heeft recht op rust en op eigen vrije tijd, met inbegrip van een redelijke beperking van de arbeidstijd en op periodieke vakanties met behoud van loon.

Artikel 25

1. Een ieder heeft recht op een eigen levensstandaard, die hoog genoeg is voor de gezondheid en het welzijn van zichzelf en zijn gezin, waaronder begrepen voeding, kleding, huisvesting en geneeskundige verzorging en de noodzakelijke sociale diensten, alsmede het recht op voorziening in geval van werkloosheid, ziekte, invaliditeit, overlijden van de echtgenoot, ouderdom of een ander gemis aan bestaansmiddelen, ontstaan ten gevolge van omstandigheden onafhankelijk van zijn wil.
2. Moeder en kind hebben recht op bijzondere zorg en bijstand.

Artikel 26

1. Een ieder heeft recht op onderwijs; het onderwijs zal kosteloos zijn, althans wat het lager en beginonderwijs betreft. Het lageronderwijs zal verplicht zijn. Ambachtsonderwijs en beroepsonderwijs zullen algemeen beschikbaar worden gesteld. Hoger onderwijs zal gelijkelijk openstaan voor een ieder, die daartoe de begaafdheid bezit.
2. Het onderwijs zal gericht zijn op de volle ontwikkeling van de menselijke persoonlijkheid en op de versterking van de eerbied voor rechten van de mens en de fundamentele vrijheden. Het zal begrip, de verdraagzaamheid en de vriendschap onder alle naties, rassen of godsdienstige groepen bevorderen en het zal de werkzaamheden van de Verenigde Naties voor de handhaving van de vrede steunen.
3. Aan de ouders komt in de eerste plaats het recht toe, de soort van opvoeding en onderwijs te kiezen, welke aan hun kinderen zal worden gegeven.

Artikel 27	1. Een ieder heeft het recht om vrijelijk deel te nemen aan het culturele leven van de gemeenschap, te genieten van kunst en deel te hebben aan wetenschappelijke vooruitgang en de vruchten daarvan.
	2. Een ieder heeft recht op de bescherming van de geestelijke en materiële belangen voortspruitend uit een wetenschappelijk, letterkundig of artistiek werk, dat hij heeft voortgebracht.
Artikel 28	Een ieder heeft recht op het bestaan van een zodanige maatschappelijke en internationale orde, dat de rechten en vrijheden in deze Verklaring genoemd, daarin ten volle kunnen worden verwezenlijkt.
Artikel 29	1. Een ieder heeft plichten jegens de gemeenschap, zonder welke de vrije en volledige ontplooiing van zijn persoonlijkheid niet mogelijk is.
	2. In de uitoefening van zijn rechten en vrijheden zal een ieder slechts onderworpen zijn aan die beperkingen, welke bij de wet zijn vastgesteld en wel uitsluitend ter verzekering van de onmisbare erkenning en eerbiediging van de rechten en vrijheden van anderen en om te voldoen aan de gerechtvaardigde eisen van de moraliteit, openbare orde en het algemeen welzijn in een democratische gemeenschap.
	3. Deze rechten en vrijheden mogen in geen geval worden uitgeoefend in strijd met de doeleinden en beginselen van de Verenigde Naties.
Artikel 30	Geen bepaling in deze verklaring zal zodanig mogen worden uitgelegd, dat welke Staat, groep of persoon dan ook, daaraan enig recht kan ontlenen om iets te ondernemen of handelingen van welke aard ook te verrichten, die vernietiging van een van de rechten en vrijheden in de Verklaring genoemd, ten doel hebben.

Register

Over de auteur

Wieger van Dalen studeerde filosofie en scheikunde aan de Universiteit Twente. Vanaf het begin van zijn werkzame leven heeft hij zich ontwikkeld in de toegepaste filosofie. Hij begeleidt al jaren socratische gesprekken en verzorgt integriteitstrainingen in organisaties. Als docent combineert hij deze ervaringen met groepen en organisaties in zijn onderwijs. Hij ziet ethiek als een proces van persoonlijke ontwikkeling op het morele vlak, dat je doorloopt door dingen te doen, niet door een theorie te leren. Daarom gebruikt hij veel oefeningen en opdrachten in zijn onderwijs. Zijn motto is 'De werkelijkheid tart elke theorie'. Je kunt veel leren van een stukje theorie maar er is altijd wel een ervaring die leerzamer is. Daarom is zijn ambitie dat in zijn lessen de studenten spreken en de docent luistert.